국가혁신론

국가혁신론

펴 낸 날 2016년 4월 11일

지 은 이 오남현
펴 낸 이 최지숙
편집주간 이기성
편집팀장 이윤숙
기획편집 윤일란, 박경진, 하철민
표지디자인 윤일란
책임마케팅 윤은지
펴 낸 곳 도서출판 생각나눔
출판등록 제 2008-000008호
주   소 서울 마포구 동교로 18길 41, 한경빌딩 2층
전   화 02-325-5100
팩   스 02-325-5101
홈페이지 www.생각나눔.kr
이 메 일 bookmain@think-book.com

• 책값은 표지 뒷면에 표기되어 있습니다.
  ISBN 978-89-6489-578-8 03300

• 이 도서의 국립중앙도서관 출판 시 도서목록(CIP)은 서지정보유통지원시스템 홈페이지
  (http://seoji.nl.go.kr)와 국가자료공동목록시스템(http://www.nl.go.kr/kolisnet)에서
  이용하실 수 있습니다(CIP제어번호: CIP2016008333).

코리아! 비상하라

국가혁신론

대한민국을 이끌 리더를 위한 필독서

오남현 지음

생각나눔

저는 저와 결혼해줄 남성을 찾습니다.
좋은 스펙이나 학벌, 경제력, 안정된 직업, 준수한 외모가 없어도 좋습니다.

뚜렷한 가치관, 미래 비전과 목표, 지혜로움과 혜안, 그리고 혁신적 사고, 진취적 용기, 열정과 도전정신, 그리고 대한민국을 사랑하는 애국심을 넘치는 남성이면 족합니다.

저는 음악을 좋아하면서 요리와 집안 꾸미기가 취미를 가진, '대한민국 여대'를 올해 막 졸업한 순수하고 착하고 매우 아름다운 여성입니다.

저의 꿈은 저의 남편을 정성스럽게 잘 내조해서 소박하지만 행복하고 아름다운 가정을 꾸미는 것입니다. 나아가 우리 국민들이 모두 자긍심과 자부심을 가질 수 있도록 '부강한 대한민국', '행복한 대한민국'을 만드는 것이 소원입니다.

제가 바라는 남성은 『코리아! 비상하라 '국가 혁신론'』과 꼭 닮은 사람입니다. 뚜렷한 가치관과 미래 비전, 혜안, 역동성, 도전정신, 높은 애국심, 변화와 혁신을 지닌 바로 그런 남성이지요.

정말로 자신이 이 책과 닮았다고 생각하시는 멋진 대한민국 남성들만 이 책을 읽어 주세요. 사랑해요, 『국가 혁신론』!

2016년 봄이 활짝 핀 4월에

저자 오남현

PS: 이 책을 니의 아버지 오명환(1931.01.05.)님께 바칩니다.

제1부 국가 미래학, 미래 세상과 대응

제2부 국가 혁신론, 대한민국 운영의 길

제1장 — 미래 飛上의 리더십을 말하다

제2장 — 조용필의 젊은 오빠 비결과 젊은 대한민국

제3장 — 미래 행정, 경제 논리로 풀다

제3부 국가 발전론, 대한민국 산업 정책의 길

제4부 지역 발전론, 대한민국 지방 경영의 길

제 5 장 — 새마을운동 세계화, 대륙을 건너 희망을 노래한다

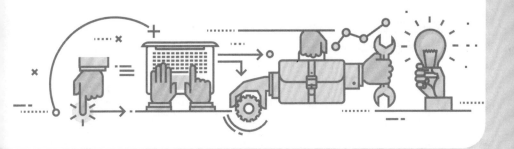

제5부 성공학, 자신 경영의 길

제1장 — 행복한 직장, 어떻게 할 것인가?

제2장 — 이동, 배치에서의 수칙과 처세 능력

제3장 — 자기 성공의 르네상스 학

참고문헌

제1부
—
국가 미래학,
미래 세상과 대응

미래 예측이 왜 필요한가? 이에 대한 의문은 미 하버드 대 다니엘 교수가 명쾌하게 정리했다. 그는 일기예보의 정확도가 70% 라고 해도, 아예 일기예보를 하지 않는 것보다는 좋다고 했다. 이와 마찬가지로 '예측의 목적은 위험을 경고하고 이를 피해가라'는 뜻이 있음을 인식하여야 한다. 위험에 적극적으로 대처하고, 더욱 풍부한 기회를 만들어 미래의 변화에 대응하여야 한다.

따라서 미래를 모르는 것은 어둠 속에 있는 것과 같고, 미래는 예측하는 것이 아니라 창조하는 것이다. 그리고 미래는 남의 것이나 멀리 있는 막연한 것이 아니라, 나 자신의 것이기 때문에 그에 대해 진단하고 대응이 필요하다(워싱턴대 교수, 빌 하랄, 조이).

제1장 도래하는 세상의 미래

1. 한국 학생, 하루 10시간 이상 쓸데없는 지식 위해 낭비

시대가 갈수록 변화의 속도는 빨라지고 있다. 30년 전에는 PC, 20년 전에는 휴대폰, 10년 전에 구글이 없었다. 반도체의 용량과 컴퓨터의 처리 속도는 19개월마다 2배씩 증가한다. 구글의 검색자 수는 2006년에는 28억 건, 2008년 매달 312억건에 달하고, 신문 발행부수는 지난 25년간 7백만 부가 감소했지만 온라인의 신문 방문자 수는 5천만 명에 이르렀다.

이렇듯이 우리 지구촌은 하루가 다르게 변화하고 있다. 이러한 빠른 변화 속에서 우리의 미래를 위협하는 것은 바로 지구 온난화다. 지구는 점점 더 더워질 것이다(Hot). 남극의 빙하가 녹아 해수면이 상승하고 태풍, 이상 기온으로 매년 수많은 인명사고와 재산 피해가 급격히 증가하고 있다.

또 한편으로는 지구촌은 평평해질 것이다(Flat). 전 세계 어디서나 같은 비슷한 조건의 환경에서 생활할 수 있는 세계화가 확산된다. 지구는 매우 혼잡할 것이다(Crowded). 1분에 2개씩 낳는 벌레 알이 콜라병의 반을 채우는 데는 12시간, 반병에서 4병이 되는 데는 3분이 걸린다. 그것이 '깨진 유리창의 법칙'과 같이 어느 수준까지 도달하면 한순간에 복잡해질 것이다.

앨빈 토플러는 "한국은 이미 선진국이지만 미래에 대한 준비가 소홀하다."라고 했다. 특히, 교육이 가장 큰 문제로 지적되고 있다. 투자하는 시간에 비해 실효성이 떨어지고, 에너지만 낭비한다는 것이다. 특히, 학생들은 하루에 10시간 이상 공부하고 있지만 이것은 미래에 필요치 않은, 오직 시험과 관련된 것이다. 미래에 아무 쓸 데가 없을 지식, 그리고 존재하지 않을 직업을 위해 하루 10시간씩을 이렇게 낭비하고 있다는 것이다.

지식 정보화로 대변되는 급격한 변화의 시대에 학생들은 여전히 고도 성장기 때의 나침판으로 공부하고 있다. 유아기에는 부모와 떨어진 채 어린이집에서 올바른 인성을 배우기보다는 수십 명의 또래 집단과 함께 온종일 지루한 공간에 갇혀 지낸다. 좀 더 크면 유치원에 가서 간단한 수학과 한글을 배우고, 일부는 음악이나 영어를 배우기도 한다.

하지만 아이들 대부분은 유사한 프로그램 속에서 획일적으로 움직이기 때문에 극심한 피로감을 가지고 금세 교육의 흥미를 잃어버린다. 일부는 자신감마저 상실하여 평생 주눅이 든 채로 사는 경우도 있다. 그러나 이미 흥미를 잃고 두 번 다시 경험하고 싶은 않는 그 프로그램을, 아이들은 초·중·고등학교까지 억지로 배우는 경우가 허다하다. 별빛을 보며 일어나 학교에 가고, 별을 보며 집에 왔다 바로 학원에 가고, 학원에서 돌아와서도 새벽까지 숙제를 하다가 아침에 다시 등교하는 반복적인 삶을 이어간다. 오늘날 우리 학생들은 지칠 대로 지쳐 그야말로 초 패닉 상태에 접어든다.

대부분 학생들은 자발적이기보다, 부모의 강요와 교사의 지시에 억눌려 가치 없는 시간을 보내는 경우가 많다. 왜 공부를 해야 하는지에 대해 명확한 목표도 없이 그저 부모가 하라고 하니, 교사가 가르치니 어쩔 수 없이 하는 것이다. 심지어는, 나 자신보다 부모를 기쁘게 하려고, 교사에게 칭찬받으려고 하기도 한다. 이처럼 우리 학생들은 공부의 목적에 대한 신념도 없이 주변의 강요로 수동적으로 배운다. 이런 이유로 중·고등학생들은 하루에 10시간 이상을 공부하면서도 60~70%나 되는 인원이 수학을 포기하고, 외국어도 한마디 하지 못한다.

또한, 힘들게 공부해서 막상 대학에 들어가더라도, 많은 학생들은 대학 공부에 실망하고 중도에 포기하거나 체력이 이미 소진되어 무의미한 대학생활을 하는 경우가 많다. 게다가 대학을 우수한 성적으로 졸업한 학생들이 직장에 들어가더라도, 학교에서 배운 지식은 회사에서 아무런 쓸모가 없다. 그들은 자사의 교육 연수원에서 직무 관련 교육을 다시 받고 상사에게 업무를 배우게 된다.

왜 이러한 일이 발생할까? 우리가 학생들이 원하는, 시시각각으로 변화하는 교육에 제대로 대응하지 못하기 때문이다. 틀에 박힌 교과목을 설정하고, 모두가 획일적으로 살기 때문이다. 저마다 좋아하는 것이 있고, 싫어하는 것도 있다. 개개인의 소질도 각기 다르다.

우리가 21세기 새로운 변화의 시대를 주도적으로 나가기 위해서는, 배우는 학생이 필요한 수요자의 입장에서 프로그램을 제공하고 좋아하는 교과목을 선택해서 배우도록 해야 한다. 또한, 학생들의 적성이나 재능이 무엇인지를 찾아주는 컨설팅 교사를 배치하여 그들의 특성과 재능을 찾아주도록 해야 한다. 자기가 좋아하는 것을 함으로써 개인은 행복해지고, 나아가 국가의 경쟁력도 강화될 것이다.

2. 1년에 0.5년 수명 증가, 중국·인도 주목

건강 경제학에서는 앞으로 최소한 100년을 인생 설계 기간으로 잡아야 한다고 말한다. 요즘은 웬만하면 90세까지 살고, 1년에 0.5년씩 평균 수명이 늘어난다. 이는 40세 때에 건강 나이가 38세라면, 50세 때에는 40세가 된다는 것을 의미한다.

미래에는 하루에 알약을 수백 개씩만 먹고 1주일에 몇 번씩 주사를 맞으며 건강을 유지할 수 있다. 약은 식품과 비슷하게 진화해서 많이 먹어도 부작용이 전혀 없을 것이다. 미래에는 노동자, 학생, 시장이 없어질 것이다. 반면에 1인 가구, 고독, 남성 전업주부 등이 급속하게 증가할 것이다. 이에 따라, 외로움을 달래주는 비즈니스가 유망 사업으로 부상할 것이다.

세계인구 전망에 따르면, 우리는 인도와 중국의 인구 변화에 주목해야 한다. 현재 100만명 이상 도시는 한국 8개, 일본 12개, 중국 220개로 국가 발전은 도시의 인구로 가늠할 수 있다. 중국의 발전 가능성이 높지만, 인도 역시 2050년이 되면 인구가 중국을 넘어서게 된다〈표1〉.

〈표1〉 세계 주요 도시 인구 전망

구 분	2007년	2050년
세계인구	66.7억 명(100%)	91.9억 명(100%)
아시아	40.3억 명(60.4%)	52.7억 명(57.3%)
중 국	13.3억 명(19.9%)	14.1억 명(15.4%)
인 도	11.7억 명(17.5%)	16.6억 명(18.0%)
한 국	0.5억 명(0.7%)	0.4억 명(0.5%)
미 국	3.1억 명(4.6%)	4.0억 명(4.4%)

자료 : OECD

오늘날, 세계는 국경의 개념이 사라져 국가보다는 도시 중심으로 급격히 재편되고 있다. 각 도시는 도시 브랜드와 이미지 확보에 열띤 경쟁을 하고 있다. 국가는 단순히 대한민국, 미국, 영국이지만 도시는 그 명칭이 화려하다. 나와 너의 서울〈그림1〉, 아이 러브 뉴욕, 빛고을 광주, 아시아의 진주 홍콩 등 다채로운 이름으로 도시의 이미지를 높여나간다. 사람이 붐비는 광장이나 도심에서 자주 보이는 홍보물은 대부분 국가

▲ 〈그림1〉 서울시의 도시 브랜드

가 아닌 지역 및 도시에 대한 홍보이다. 기업하기 좋은 구미, 선비 수도 안동, 글로벌 해양도시 부산 등 도시에 대한 마케팅이 주류다.

우리나라가 좀 더 큰 경쟁력을 가지기 위해서는 인구수 100만 명 이상의 도시를 각각의 특성에 맞게 집중적으로 육성해야 한다. 그리고 지역이나 기업도 미래를 고려해서 중국보다 인도로의 진출을 위해 체계적인 준비를 해야 한다. 가장 먼저 추진해야 하는 것은 인도 전문가를 양성하는 것이다. 인도에 젊은 사람들을 많이 내보내고, 인도 학생들을 우리 대학에 와서 공부하도록 해야 한다.

또한, 지역 및 도시차원에서 인도의 주요 도시와의 우호 관계를 강화하는, 이른바 자매결연을 하여 문화예술공연, 공무원 상호파견 교류, 학술 세미나, 문화원 설립 등 다양한 정책을 추진해야 한다. 이는 미래에 인도와 원활한 경제 교류를 하기 위해 미리 징검다리를 놓는 것과 같다. 전 세계가 하나의 국가처럼 국경의 개념이 사라진 자유 경제의 질서 속에서 우리는 발 빠르게 대응하여 효과적인 정책을 추진해야 한다.

3. 오프라인의 대명사, 8:2 파레토 법칙, 통하지 않음

우리는 원하는 것을 얻기 위해서는 누구보다 앞서서 적극적으로 실천해야 한다. 실천은 또 다른 실천을 낳고, 성과를 가져온다. 성공하는 사람들은 주저하지 않고 실천한다. 그리고 얻고 이루고자 한다면 죽을 각오로 실천해야 한다.

윌리엄 제임스는 "주저하는 버릇이 있는 사람은 이 세상에서 가장 비참한 사람이다."라고 했다. 주저하거나 망설여서는 안 된다. '햇빛이 날 때 빨래를 해서 건조대에 올려야' 한다. 비가 오는데 씨앗을 뿌려야 하지만 빨래를 해서는 안 된다. 이와 같이 주저하다가 기회를 놓치지 말아야 한다. 처음에는 어색하고 지루할 수 있지만 불같은 마음을 가지고 끈기 있게 임하면, 얼마 지나지 않아 실천하는 데 재미를 느낄 것이다. 지금까지의 낡은 사고방식을 버리면 정신적으로 성숙한, 이전과 전혀 다른 새로운 사람이 된다. 흥미를 갖는 자세로 일하면 어떤 것이라도 재미있어지고, 돈이나 지위, 명예는 그대로 따라온다.

지식은 크게 두 가지로 구분할 수 있다. '직접 아는 것', '정보가 있는 곳을 아는 것'이다(英, 사상가 새뮤얼 존슨). 직접 아는 것은 배움을 통해 이루어진다. 그렇지만 앞으로 배움과 교육은 이전과 전혀 다른 형태로 변화할 것이다. 그것은 디지털과 네트워크의 연결을 통한 교육 방식으로의 전환이다. 지금도 화상 교육이나 온라인 교육이 많다. 대학마다 사이버 대학을 설립하여, 수많은 학생이 이수하여 대학 졸업자로서 동등한 자격을 가진다. 이러한 지식 개념의 변화를 통해 수요자들은 언제 어디서든 원하는 시간에 학습하며, 학제(學制)는 개인별 수준에 맞는 맞춤형 교육이 될 것이다.

유용한 정보가 어디에 있는지를 알면 새로운 강자가 될 것이다. 그것은 농경 시대에는 토지, 산업 시대에는 철이나 석유, 지식·정보 시대에는 아이디어가 그 나라를 부강하게 했지만, 이제는 인터넷을 지배하는 자가 강자가 되는 시대가 열렸다. 세계의 모든 정보를 장소, 시간을 가리지 않고 어디에서나 실시간으로 접할 수 있다. 인터넷 덕분에 세상에 차별이 없어지고 모든 것이 가능해질 것이다. 핵심 기술이 모두 공개되고 사회적 지위가 의미가 없는 세상이 올 것이다.

그리고 세상 사람들은 인터넷, 스마트폰 덕분에 모두들 똑똑해질 것이다. 반면, 영웅이나 특별히 잘난 사람은 없는 세상이 된다. 따라서 한동안

오프라인 시대의 주류였던 '파레토 법칙의 8:2'는 더 이상 통용되지 않을 것이다.

소비자들이 인터넷을 통해 원하는 물건에 쉽게 접근하게 되면서 틈새상품이 중요해지는 새로운 경제 패러다임인 'Long tail 시대'가 도래되고 있다. 오프라인 서점에서는 20만종의 책이 판매되지만 아마존 온라인에서는 400만종의 책이 취급된다. 괜찮은 책은 눕혀놓고 팔고 잘 나가는 책은 책꽂이에 꽂아서 파는 시대가 왔다.

식당의 경우도 마찬가지이다. 경북의 경산시에는 유명한 비빔국수 집이 있다. 이 식당은 간판도 없고, 길가에서 보이지 않는 산중에 자리를 잡고 있다. 그런데도 하루 평균 수백 명씩 이 비빔국수를 사 먹기 위해 온다. 주말이나 휴일에는 이보다도 훨씬 많다. 4천원 가격의 이 국수를 먹기 위해, 심지어는 인근 도시에서 6만원을 주고 택시를 타면서까지 오는 손님도 있다고 한다.

이와 비슷하게 대구 동구 공산동 팔공산 인근의 순두부 가게도 도시 변두리에 있지만, 하루에 수백 명씩 오는 손님들로 북적인다. 이 모두가 인터넷으로 알려져 유명해진 것이다. 도심 지역의 식당은 대체로 한산하다. 책과 마찬가지로 음식점 역시 잘 팔리는 음식은 산속에 숨어 있어서 팔고 잘 팔리지 않는 음식은 사람이 북적이는 도심지역에 위치한, 이른바 'Long tail 법칙'이 그대로 적용된다.

이처럼 인터넷 온라인 세상의 트랜드가 모든 가치를 변화시켰다. 오프라인의 대명사로 통해 왔던 8:2의 독식 법칙에서 벗어나, 롱 테일(Long tail) 시대라는 새로운 세상이 드디어 열리고 있다.

4. 1/10 가격의 양질 물건이 제공되고 한 사람과 70~80년을 살기 어려울 시대 옴

다수의 직업, 다수 직장의 시대가 도래할 것이다. 그것은 수명 연장과 더욱 진보한 다양성을 통해 자연스럽게 만들어지는 질서이다. 미래는 기발하게 사회를 만드는 창작자와 타인이 공감할 만한 능력을 갖춘 자가 대우받는 사회가 될 것이다. 우리는 이미 이런 세상을 접하고 있다. 유머가 있는 사람이 인기가 있고, 자신의 이해해주는 편안한 사람을 좋아한다.

우리가 산행을 해보면 사람들은 빠른 길보다 시간이 걸리더라도 나를 편안하게 하는 길을 선택한다. 더욱 유익하게 등산을 할 수 있도록 가파른 오르막길에는 친환경적인 자재로 멋진 계단을 만들어서 그 길로 안전하게 산행을 유도해놓고 있다. 그러나 사람들은 이상하게 그 길로 가지 않고 위험이 도사리는 나지막하고 고즈넉한 기슭에 샛길이 내서 굳이 그 길을 가고 있다. 사람들은 위험, 시간, 노동 보다 나를 불편하게 하는데 참지 못하는 경향 때문이 아닌가 본다. 또한, 도시나 농촌에 가면 이상하게 디자인한 찻집이나 식당을 경험해봤을 것이다. 개그맨이나 영화인들이 대통령은 물론, 장·차관, 국회의원이 되고 개그 프로나 드라마에서 등장하는 일부 배우들은 유명한 정치인을 흉내 내 큰 성공을 거두고 있다.

이처럼 사람들은 틀에 박힌 일상적인 상황과 나를 불편하게 하는 데 힘들어하고 참지 못한다. 이미 사회는 한두 사람이 이끌어가는 불안한 사회가 아닌, 시스템에 의해 운영되는 다양화, 다원적인 사회이다. 중간층과 최고층이 없다고 해도 사회가 멈추지는 않는다. 그래서 이제는 우리 사회는 아카데미 능력이 탁월하고 스펙이 높은 진부한 리더보다 상황이나 분위기를 부드럽게 만드는 편하고 나를 이해해줄 것 같은 지도자를 더 선호한다.

이런 사회에서는 유연한 사람, 사물 로봇이나 사물 스마트폰, 인공지능 기계가 우리 사회에 깊숙이 스며들어 미래를 보다 진보된 사회로 변화시킬 것이다.

또한, 아시아에서 1/10 가격의 양질 물건이 대량으로 생산되어 전 세계시장에 공급될 것이다. 얼마 전에 개성공단에서 임금인상 문제로 공장을 폐쇄하겠다는 등 세상을 떠들썩하게 한 보도를 접한 적 있을 것이다. 근로자들의 올해 임금을 5.18% 인상하겠다고 공단 측에서 일방적으로 통보했기 때문이다. 현재 개성공단 근로자들의 월 평균임금은 70.35달러, 우리나라 돈으로 7만원 정도이다. 이런 덕분에 우리는 30, 40년 전의 저렴한 가격으로 의복, 주방용품 등을 손쉽게 구매할 수 있다. 북한 이외에도 파키스탄, 캄보디아 등지의 저렴한 노동력을 통해 만들어진 값싼 물품들은 세계 각국의 시장에서 유통되고 있다.

그리고 가까운 미래에는 기계가 인간의 중노동을 모두 대신할 것이다. 이와 같은 현상은 지금도 곳곳에서 목격되고 있다. 20, 30년 전만 해도 댐, 고속도로, 아파트 건립 공사에 수백 명의 노동자가 온통 공사 현장에 누비는 것을 보았을 것이다. 그런데 최근에는 대형 크레인이나 굴착기 몇 대만 보일 뿐 인부를 찾아볼 수 없을 정도로 드문 현상이 되었다. 심지어, 공사현장을 감독하는 사무소도 없다. 그 이유는 사람 대신 기계가 일을 대신하기 때문이다.

또한, 정당과 국가 개념이 사라질 것이고 일부일처제가 없어질 것이다. FTA나 유럽 연합의 출현 등 이미 국가의 개념은 사라졌다. 사람, 돈, 상품이 전 세계로 자유롭게 이동되고 있다. 세계 어느 지역에서도 자유롭게 기업활동, 금융거래가 가능한 그런 시대가 온 것이다.

한 사람과 30, 40년 정도는 살 수 있어도 70, 80년간을 같이 지내려 하지는 않을 것이다. 미국의 인류학자 모니크 보게르호프 멀더 교수가 일부다처제 국가인 탄자니아 가정을 대상으로 한 연구에 따르면, 일부다처제에서 여성이 더 행복하다고 한다. 미혼 여성들은 소 3마리가 있는 미혼자보다 180마리 가진 여러 명의 아내가 있는 기혼자를 선택한다는 것이다. 재혼은 자연스러운 현상이 될 것이고 삼혼, 사혼도 일반화되어 가족구조에서 새로운 혁명이 일어날 것이다.

또한, 사생활도 없어질 것이다. 휴대폰 기록, CCTV, PC 등에 모든 기록이 저장되고 노출된다. 드론이나 인공위성이 지구촌에서 일어나는 모든 활동 행위를 실시간으로 다 들여다볼 수 있을 것이다. 종교의 위계질서가 사라지고, 순수혈통의 백인이 없어질 것이다. 인간의 생명을 마음대로 조정할 수 있기 때문이다. 현재 백인의 인구비율이 50%에서 2%로 줄어들 것이다.

5. 미래의 행복은 성취주의 행복

우리는 드라마나 영화를 보면 이 순간에 당장 자살하겠다고 하는 사람이 하루가 지나면 연인과 팔짱을 끼고 웃으면서 데이트를 하는 장면을 종종 보게 된다. 기억은 쉽게 지워지기 마련이고 인간은 또 다른 환경에 바로 적응한다. 평생 불구가 되더라도 1년만 지나면 우리가 느끼는 행복과 불행의 정도는 그전의 수준으로 되돌아온다고 한다. 즉, 물질적인 풍요나 빈곤도 어느정도 시간이 지나면 결국 적응하고 받아들이게 된다는 것이다.

세상에서 가장 멋있는 사람은 빌 게이츠와 같은 사람이라고 생각할 수 있다. 빌 게이츠는 세계에서 가장 큰 거부로 알려있다. 그러나 그는 명예도,

돈도 싫다고 여겨 회사를 나와 자선사업을 하고 있다. 그와 그의 부인은 20년 전에 아프리카를 여행하다 소를 돌보면서 알몸으로 물소와 같이 목욕하는 소년을 보고서 그런 결심을 했다고 한다. 그는 타인을 배려하는 마음을 가꾸는 것이 창조적인 자본주의의 길이라고 인식했고 그것이 바로 인간의 궁극적인 행복이고 가치라고 여겼다. 그래서 그는 글로벌 회사의 대표라는 지위나 셀 수 없이 많은 돈이 행복을 가져다주는 것은 아니라고 생각했다. 결국 그가 깨달은 것은 원하는 일을 하면 수입이 줄어도 행복해진다는 것이다.

우리에게 진정한 행복은 하잘 것 없이 보일 수도 있지만, 소를 돌보는 것도…, 자선 사업에서도 만족하는 '타인의 배려'으로 인한 현재도 이익이 되고, 미래에도 이익이 되는 '성취주의의 행복'이다. 직장에서 경쟁을 반복하는 삶은 불행하며 한 개인의 가치를 망가지게 한다.

실제로 많은 사람은 시간을 많이 줘도 재미있게 놀지 못한다. 일류 기업에 다니는 중견 사원이나 공무원들이 이 분류에 속한다. 그들이 가장 괴로워하는 것은 직장 야유회나 공휴일, 휴일이다. 오로지 그들이 할 수 있는 것은 미래에 있지도 일어나지도 않는 일에 근심 걱정한 것이다. 어서 빨리 사무실에 나가 밀린 일을 하고자 하는 열망에 사로잡혀서 귀중한 여가시간을 그런 고민으로 날려 버린다. 그 이유는 자신의 틀 속에서 도출해낸 '미래의 보다 나은 삶을 위해서 행복을 위해서 현재의 즐거움을 잠깐 유보하고 절제하는 것이라'는 자신의 고통을 스스로 위로하고 위안을 삼고자 하는 것이 잘못된 습관으로 굳어졌기 때문이다. 이런 모습은 오늘날의 경쟁 시대를 살아가는 우리 모두 슬픈 자화상이다.

행복은 정말로 하고 싶은 일을 할 때에 느낄 수 있다. 할 수 있는 일 중에서도 하고 싶은 일을 해야 한다. 즉, 할 수 있는 일→ 하고 싶은 일→ 정말로

하고 싶은 일을 해야 한다. 무엇보다 자신이 좋아하는 일을 해야 한다는 것이다. 그래야만 행복이 온다. 사람들은 행복해지기 위해 열심히 산다. 그렇지만 '열심히 한다'고 '돈을 번다는 보장'과 '행복해진다는 보장'은 없다. 그래서 일상적으로 반복적이며 치열한 경쟁을 위한 일이 아닌 정말로 하고 싶은 일을 해야 한다는 것이다. 돈과 인간의 행복은 상관관계가 없기 때문이다. 복권 당첨자 중에서 1년 후에 그 이전보다 행복해진 사람은 거의 없다고 한다. 노력의 대가 없이 갑자기 부자가 되면 행복해지기 힘들다는 것이다.

6. 해야 할 일을 구분하는 지혜, 지금 당장 실천

미래 사회는 갈수록 바쁘게 돌아갈 것이다. 이러한 시대에 올바르게 살아가려면 중요한 일과 중요하지 않은 일, 급한 일과 급하지 않은 일을 구분할 줄 알아야 한다. 우리는 중요하지 않은 일 때문에 늘 바쁘게 살고 있다. 급하지 않지만 중요한 것에 먼저 투자를 해야 한다. 미래가 좋은 이유는 이 세상이 우리가 전혀 예상하지 못할 정도로 경이로운 사회가 되어, 우리의 삶의 질이 더욱 윤택해질 것이기 때문이다.

앞으로는 디지털 격차, 교육 격차가 많이 줄어들 것이다. 그것은 다양한 정보와 서비스에 쉽게 접근하고 활용할 수 있게 되었기 때문이다. 나노혁명시대가 오면 분자를 조립하여 못 하는 것이 없어지고, 가상 공간이 현실로 나타나는 세상이 올 것이다. 이런 시대에 지혜롭게 앞서 가는 방법은 마음속으로 결심한 것을 행동하는 것이다. 자칫, 자신의 의도와 다르게 결과가 나오더라도 다시 한 번 마음을 가다듬고 나가야 한다. 처음은 어렵고 힘들며 고독하다. 하지만 그 순간만 참고 전진한다면 곧 적응할 수 있을 것이다.

"세계 최고가 되겠다면 어떤 연습을 해야 하는지, 어떤 전략을 세워야 하는지를 결정하고 실천에 옮겨야 한다(전성일, 2015)." 그런 결심이 없다면 맹훈련을 할 수도 없고 견디지도 못한다. 우리는 무엇이든지 마음속으로 강한 열망을 갖고 행동해야 한다. 이렇게 하면 자기가 시도하는 일은 생각대로 그대로 된다. 이를 뒷받침하는 것이 삼계유심(三界唯心)이다.

삼계유심이란 생각대로 되지 않는다는 사람의 마음 때문에 일이 실제로 되지 않는 것을 일컫는 말이다. 생각은 신념이며 마음의 쓰임새로, 결국 그것은 몸 전체에 잠재의식으로 형성된다. 잠재의식은 목적을 실현하기 위해 자연계의 모든 힘을 동원한다. 『연금술사』에 나와 있듯이 내가 간절히 바라면 온 우주가 그것을 이루도록 도와준다고 한다. 큰 소리, 큰 말로 하면 더욱 크고 빠르게 성취된다.

교회를 다니는 사람들이라면 항상 큰 소리로 통성기도를 하라는 목사의 외침을 잘 알 것이다. 이것은 여기에 연유한다고 봐야 한다. 노처녀인 모 가수는 만남의 노래를 통해 좋은 인연을 만나 결혼을 했다. 우리가 매일 일상생활에서 접하는 성경이나 불교 경전, 논어도 모두 이러한 말로 저술되어 있다.

다른 사람들이 꺼리는 일도 기회가 오면 무조건 해야 한다. 그것은 '성패와 상관없이 해 봤다'는 것으로도 충분히 좋은 경험이 된다. 사람들은 살면서 흔히들 요령이 필요하다고 한다. 이 요령은 적당히 하라는 것이 아니라 '기회가 왔을 때 놓치지 않고 잡는 일'이다. 해보지도 않았으면서 미리 겁먹고 물러선다면 아무 일도 해낼 수 없다. 기회가 오면 과감하게 도전하는 정신이 필요하다. 그것이 성공하면 또 다른 목표가 생긴다. 기회는 주저하지 말고 머리와 가슴으로, 그리고 발로 잡아야 한다. 우리는 더 나은 미래를 만들기 위해 더 높은 목표를 설정해야 한다.

우리는 항상 수많은 문제에 봉착하면서 살아간다. 어느 날, 청천벽력 같은 상황이 갑자기 들이닥쳐 지금까지 이룬 업적들이 모두 무너지는 경우도 있다. 평생 이룬 성과를 10초 만에 전부 잃어버렸다는 이야기도 있다. 이러한 일들은 어느 누구에게도 일어날 수 있다. 이것은 발생한 문제에 대해 감정에 앞선 나머지 그 상황을 정확하게 진단하지 못하고 제대로 대응하지 못했기 때문이다.

무엇보다 발생한 문제가 대해 냉철하게 현실감 있게 보는 혜안이 필요하다. 사실, 문제가 많은 사람들은 대개 평소에 역동적이고 활기차게 삶의 영위해나가는 사람이다. 자신이 활동하면서 쌓은 업적이 크기 때문에 문제가 발생한다. 조용히 집에 있거나 일을 하지 않거나 죽은 사람에게는 문제가 일어나지 않는다. 결국, 건강하고 활기찬 사람에게 일어난다는 것이다.

그래서 먼저 문제가 일어나면 즐겁게 받아들이는 자세가 필요하다. 그래야만 답을 찾고 문제를 해결할 수 있다. 모든 문제에 대한 해답은 자신의 마음속에 있기 때문이다. 어느 날, 갑자기 나에게 감당하기 힘든 문제가 발생하면 당황하지 말고 두 발을 균형 되게 꽉 짚고 근원에 충실해야 한다. 그리고 침착하게 그 현실 상황을 받아들이며 긍정적으로 생각하고 기본에 충실하면서 문제 해결의 대안을 찾아가야 한다.

그러나 사람들은 항상 감정의 노예가 되어 자신의 마음을 가다듬지 못한다(전성일, 2015). 분명한 것은 감정에 지배받는 인간은 흥분하기 마련인데 이는 정상적인 판단을 하지 못하게 한다. 그래서 냉정함과 침착성을 유지하는 것이 문제 해결의 첫 단계라 할 수 있다.

나의 마음은 언제나 나 자신을 돕길 원하고 있다. 하지만 내가 당황하거나 신경질적이거나 감정이 흔들리는 기색을 조금만 보여도 내 마음은 문제 해결보다는 더 큰 문제로 확대한다. 그래서 문제가 일어나면 우선 침착해져야 한다. 침착하려면 극기나 자제력이 필요하다. 언제나 마음을 가라앉혀야 한다.

우리는 무슨 일이 일어나면 침착하려고 해라. 우리는 감정의 노예가 아닌 지배자가 되어야 한다. 대체로 격한 감정은, 남자는 20~30분 이내에, 여자는 5~10분 이내에 가라앉는다. 우리는 이 시간 동안을 인내하며 감정을 누그러뜨려야 한다.

제2장 다가올 세계 경제 운명을 말하다

1. 금융 허브가 가고 라이프 스타일 허브시대

미래 금융의 거래에는 물리적인 공간이 필요 없어질 것이다. 오늘날, 금융 경제의 허브는 은행, 법률 회사, 사람이 운집하고 교통이 집결된 곳에 집중되어 있다. 특히, 금융 시장의 큰 섹터는 파생 상품, 글로벌 기업 본사, 전자 금융이 편리한 곳이 허브가 될 것이다. 과거의 금융 허브는 쇠퇴하여 필요성이 없어지거나 세계 곳곳으로 분산될 것이다. 그 대신에 새로운 경제 허브는 자신의 삶과 융화된 활동 지역으로 그 위상을 갖게 될 것이다.

세계의 경제학자들은 홍콩이나 싱가포르가 급격히 쇠퇴하고 인도 델리, 중국 상하이로 경제권이 급격히 이동할 것이라고 예견하고 있다. 현재의 국제 금융시장인 뉴욕과 런던은 상대적으로 그 역할은 축소될 수도 있지만 글로벌 기업본사, 유통업, 보험이나 부동산 등 파생상품의 강화로 현재 상태로 유지되거나 더욱 중시될 수도 있다.

반면, 라이프 스타일 허브는 선후진국을 가릴 것 없이 능력 중심의 도시로 집중될 것이다. 여기에는 범죄, 기후, 물가, 쇼핑, 문화, 세금 등이 새로운 주요 결정변수가 된다. 고대유적지나 쇼핑하기 쉬운 도심지역, 자연환경이 좋고 생태적으로도 완벽한 여가 지역으로 급속하게 재편될 것이다.

그 대상 지역은 물가가 저렴하고 생태학적으로 자연이 잘 보전된 필리핀, 태국, 말레이시아 등 동남아 지역이다. 나아가 케냐 등의 아프리카 지역 또한 라이프 스타일의 허브로 크게 주목받을 것으로 예상한다. 이와 더불어, 이들 지역은 라이프 스타일의 파생 상품으로써 금융, 쇼핑, 정보 등이 덩달아 집중될 것이다.

　지금까지 지리적인 위치로 인도와 중국이라는 거대한 시장의 이점을 톡톡히 보았던, 아시아의 관광, 금융 허브인 싱가포르는 서서히 힘을 잃게 될 것이다. 이제는 중국과 인도의 대도시와 동남아 도시지역으로 그러한 고유기능과 고객들이 몰리고 있다. 또한, 어느 정도의 시간이 지나면 지구 온난화의 영향으로 동토 지역인 북극항로가 길이 열리고 지금까지 많은 이익을 누리던 홍콩, 싱가포르의 지리적인 장점도 미미해질 것이다.

　이러한 추세를 감안해 우리는 글로벌 금융·유통서비스 본사 유치, 국제무역센터, 대형쇼핑 입점 등 금융, 유통, 쇼핑 관련 산업을 유치하여 국제금융, 유통, 쇼핑 허브지역의 부상을 위해 인프라 구축을 해야 할 것이다. 이와 더불어, 세계적인 이목을 끌 수 있도록 전국에 다양하게 산재하고 있는 생태자원을 체계적으로 보전 및 정비하여 라이프 스타일 허브지역으로 미래를 준비해 나가야 한다.

2. 암시장이 금융시장 전체 위협

　미래 금융계에는 암시장이 등장하고 활발해질 것이다. 전문 투자자들의 이해관계에 따라 역외 이주현상이 진행되면서 거대 금융시장을 대신해 작은 금융 중심지가 조세 회피 지역으로 등장 할 것이다. 작은 국가에 위치해도 인터넷으로 거래할 수 있기 때문이다.

　암시장 내의 새로운 은행들이 당국의 감시망을 피해서 투자 금지상품으로 경쟁력을 갖출 것이다. 이와 동시에, 전통 금융기관들은 자회사를 만들어 암묵적으로 이곳으로 진출할 것이다. 암시장으로 가는 주요 품목들은 헤지펀드나 불투명한 금융뿐만 아니라 개인 비자금, 일부 일반금융, 환치기 금융 등이다. 이들은 역외지역으로 급속히 빠져나갈 것이다. 반면, 주택금융, 자동차 보험, 신용카드는 여전히 규제지역에 남을 것이다.

금융 암시장은 도박, 불법 자금 등으로 글로벌 금융의 위기를 불러올 수도 있다. 당국은 암시장의 투자자들을 구제할 수 있는 법적 제도적 장치가 없고 그럴 능력도 없을 것이다. 이로 인해 암시장이 초래한 위기는 전통 금융시장으로 되돌아오는 악순환의 연결고리로 이어질 것이다. 당국도 암시장의 규제는 엄청난 규모로 성장해서 제재하기가 어려울 것이다. 결과적으로 암시장은 금융시장 전체를 위협하게 된다.

3. 자본주의 국가위기 도래

이러한 혼란 속에 자본주의 국가들의 위기가 도래할 수 있다. 그것은 너무나도 잦은 선거 등으로 사회의 변동성이 높은 민주주의, 내전과 테러 등 다양한 불안 요소와 더불어 소외감, 양극화 등에 의해 문제가 나타날 것이다.

또한, 21세기는 이전에 경험 못 했던 경제적인 이데올로기의 전쟁터로 변화할 것이다. 이처럼 자본주의 위기 근거를 보면 첫째, 부패한 소수의 독점 자본주의에 시달려, 사람들이 자본주의 체제를 혐오하게 될 것이다. 둘째, 대기업 이익을 대변하는 중도우파 정부의 정치가 실패할 우려가 크다. 셋째, 무상의료, 일자리 보장, 국가연금을 약속하는 사회주의에 동조할 수 있다. 넷째, IMF의 남미정책, 동아시아에 대한 잘못된 정책과 WTO, 다국적 기업의 횡포도 그 원인이 될 것이다.

무엇보다 규제가 없는 자본주의는 많은 문제를 일으킬 것이다. 근면하고 성실한 능력을 소유한 사람보다 다양한 정보나 투자수단을 가진 사람이 유리해지고, 국가는 장기 성장보다 단기 성장에 힘을 쏟을 것이다. 그 결과로 벼락 경기와 거품 붕괴가 반복될 가능성이 있기 때문에 이를 경계하여야 한다.

중국, 한국, 대만같이 정부 주도의 경제는 장기적으로 효과가 없을 것이다. 국가의 경제규모가 커지고 다양화되면 정부의 통제는 어려우며 그 비용도 크게 증가할 것이다. 스웨덴, 독일, 프랑스, 이탈리아, 덴마크, 영국 등 중도 우파가 장악하고 있는 데서 그 교훈을 찾을 수 있다.

4. 개도국의 운명, 대부분 경제 식민지로 전락

선진국의 이민정책 변화와 개도국의 인재유출이 가속화될 것이다. 선진국은 인구 증가를 위해 출산장려정책과 이민자 정책을 효과적으로 추진할 것이다. 중국은 1자녀에서 2자녀로 인구확대 정책을 이미 추진했다. 미국은 '세계 인재의 허파'라고 불릴 정도로 인재가 몰리고 있다.

노벨상 수상자의 대부분은 미국에서 배출되었다. 그들은 순수 미국인이 아니라 이민자의 출신으로, 그중에서도 유대인이 압도적이고 중국계, 일본계 등 다양한 민족들도 함께 주류를 이루고 있다. 그 외에도 기업이나 연예계, 스포츠계 등에서 유수한 인재들도 미국에서 활동하고 있다.

이민정책에 가장 인색한 일본은 단순 인력 정도에 저개발국의 노동력을 이용하고 있다. 이와 같은 사례로 치매를 앓거나 거동이 불편한 104명의 노인이 지내고 있는 곳인, 요코하마시 가리바초에 있는 노인 요양 시설 '요쓰바엔'이 있다. 요쓰바엔은 전체 40여명 직원 중 20%인 8명이 동남아시아에서 온 외국인이 있는 곳이다(한국 경제, 2015.10.29. A10면).

외국인에게 폐쇄적인 일본이지만 일손 부족 현상이 심해지면서 외국인 근로자 채용을 늘리는 분위기다. 요쓰바엔에서 근무하는 외국인은 간호복지사 연수생 제도를 통해 일본에 왔다. 이 제도는 2008년에 인도네시아를 시작으로 2009년 필리핀, 2014년 베트남으로 확대됐다. 입국 후, 3년간 실무 연수와 일본어 준비 기간을 거쳐, 4년째에 간호복지사 시험에 합격하면 기간에 제한 없이 취업할 수 있다. 현재는 2,000명 이상이 간호복지사 연수생 제도를 통해 일본에 들어와서 일하고 있다. 하지만 일본의 외국인 근로자 영입은 아직 초기 수준이다. 2015년 6월 말 현재, 체류 외국인 수는 217만 명으로 전체 인구(1억 2,700만 명)의 1.7%에 불과하다.

그러나 생산가능 인구가 급격히 줄면서 일본 정부와 지방 자치단체가 가만히 손 놓고 있을 수 없는 상황이 됐다. 간호 인력 부족 문제는 특히 심각하다. 도쿄 상공 리서치에 따르면, 2015년 1~9월에 간호 관련 업체 부도 건수는 57건으로 지난해의 전체 건수(54건)를 웃돌았다. 역대 가장 많은 수치다. 대부분 사람을 구하지 못해서다.

후생노동성에 따르면 단카이 세대(1947~1949년 태어난 베이비붐 세대)가 75세가 되는 2025년에는 간호복지사가 30만 명가량 부족할 전망이다.

일본 정부의 이민정책은 고급 기술자나 연구원, 교수 영입에 초점이 맞춰져 있고 단순한 '노동력 확충'차원에서는 외국인을 받아들이지 않는다는 원칙이 있다. 하지만 인력 부족으로 현장의 고충이 커지자 기존 원칙에도 조금씩 변화가 나타나고 있다. 일본 정부는 개발도상국 지원을 위한 '외국인 기능 실습 제도'에 간호 업종을 추가하는 것을 검토 중이다. 일본에서는 현재 이 제도를 통해 건설, 농업, 식품 제조, 어업 등 68개 직종에서 약

15만 5,000명이 일하고 있다.

선진국은 단순 인력을 자국에 들일 뿐만 아니라, 저개발국에 현지공장을 건립하여 그들의 저렴한 노동력과 원료를 바탕으로 각종 생활필수품을 제조, 제3국으로 비싸게 수출하고 있다. 저개발국은 우수한 인재나 원료를 활용할 사회 기반이 없으므로, 결국 선진국의 잉여 자본 생산의 공장으로 전락하게 된다. 또한, 저개발국의 인재는 더더욱 제3국으로 유출될 것이다.

그렇다면 개도국이 왜 식민지로 전락하는가? 그것은 선진국이 경제지원과 원조를 통해 개도국이 보호무역의 영향 안에 종속하는 것에서 원인을 찾을 수 있다. 중국은 칠레의 구리 광맥 개발을 위한 보상으로 칠레에 가구당 집 한 채와 많은 돈을 나누어 주었다. 또한, 개도국의 관리들은 정권 유지를 위해 선진국과 결탁하여 주민들을 통제하고 관리할 것이다. 독재 정부에서 천연자원으로 벌어들인 돈 대부분이 고위 관리의 주머니로 들어가는 것이 그 예라 할 수 있다.

5. 중국, 강력하지만 짧은 중국 시대로 마감

중국의 성장을 가로막는 것은 문화적인 장벽이다. 기업 환경과 사업 관행에 가장 큰 영향을 미치게 하는 것은 바로 유교이다. 유교는 사회 통합에는 도움이 되나, 경제 성장에 이바지한다고 보기는 어렵다. 유교의 공동체주의와 예절 전통이 기업 문화를 경직되게 만들기 때문이다.

중국은 영토가 넓어서 분리는 반역이고 통합은 영웅이라는 고정 관념이 있다. 옛 중국에서는 통일과 제국 경영을 위해 무자비하고 강력한 지도력이 필요했다. 중국 기업은 너무 거대한 탓에 혁신 의지를 잃거나 변화를 회피할 것이다. 특히, 부정부패와 복잡한 관료제는 성장의 발목을 잡을 것이다. 중국 정부는 여전히 기업 활동에 깊숙이 관여하고 있다. 중국의 거대한 관료 조직은 기업 활동에 장애가 되는 경우가 많다. 특히, 외국 기술 모방과 저임금 정책, 무분별한 합작 투자 등은 국가나 기업의 장기적인 발전과 성장에 도움이 되지 않을 것이다.

현재 중국의 높은 성장률은 한마디로 극단적인 압축 성장의 결과일 뿐이다. 중국은 앞으로 30, 40년 동안은 빠르게 성장할 것이지만, 목표로 정한 평균 소득 수준에 근접하면 추진력이 급격하게 떨어져서 곧바로 하향 곡선을 타게 될 것이다. 앞으로 중국은 아무리 발전해도 한국, 일본의 평균 소득만큼은 안 될 것이라는 전망이 우세하다.

부유한 국가에서 다시 가난한 국가로 추락이다. 취업 인구가 2005년에 67%였다면, 2050년에는 54%로 떨어질 것이다. 경제 성장률 역시 10%대의 지속적인 성장을 해왔지만, 2016년에는 7%의 달성도 어려울 것으로 전망된다. 지난 2015년 11월 3일, 중국은 앞으로 5년간 경제 성장률의 최저선을 6.5%라고 선언했다. 지금까지 세계 경제의 엔진 역할을 해온 중국의 고속 성장 시대가 사실상 끝나간다는 분석이다.

지난 2007년에 14.2%로 정점을 찍은 중국의 GDP 성장률은 이후 내리막길을 걸어왔다. 2012년에 7.7%까지 떨어지자 중국 정부는 더 이상의 하락은 없다며 7%대 사수를 고집했다. 그러나 2015년 지난 3분기까지 중국의 성장률은 이미 6.9%까지 떨어졌다. 이런 가운데, 중국 정부는 앞으로 5년간 중국의 경제 성장률을 6.5%선에서 지켜내겠다고 했다. 2020년까지 중국의 1인당 국민 소득을 2010년의 2배로 늘리기 위해서는 성장률 최저선이 6.5%는 되어야 한다고 못을 박은 것이다.

중국 정부의 이 같은 선언은 장기간 지속해온 중국의 고속 성장 시대가 점차 끝나가고 있다고 볼 수 있다. 특히, 글로벌 경기 침체를 비롯해 과잉 생산과 부동산 거품, 부실 자산 문제가 성장률 하락의 배경으로 꼽히고 있다.

중국 정부는 경제규모가 커진 만큼 성장률 하락은 자연스러운 현상이라고 말했다. 그러나 전문가들은 중국이 앞으로 고질적인 리스크 관리에 실패할 경우, 성장률 추락 속도가 더욱 빨라질 거라고 하고 있다. 일부에서는 중국의 경제 성장은 한계를 겪고 있으며, 급격한 하향 곡선을 그릴 날도 얼마 남지 않았다고 전망하고 있다.

이러한 상황을 굳이 고려하지 않아도 중국이 미국을 제칠 수 없지만, 만약 그렇게 되더라도 그것은 아주 짧게 끝날 것이다. 결국, 시기는 알 수가 없지만 중국은 몰락하고 미국이 세계의 중심지 역할을 지속할 것으로 예상한다.

6. 경제 공동체로서 유럽 연합 마감

총 5억 명의 인구에 27개 국가로 구성된 유럽 연합은 세계 GDP의 1/3을 차지하고 있다. 단일 화폐인 유로는 16개 국가에서만 사용하고 있다. 만약에 유럽연합이 붕괴한다면 달러화의 강세로 미국의 무역 적자는 더욱 심해지고 세계는 더욱 가난해질 것이다.

유럽연합이 지속되기 어려운 이유는 여러 가지로 분석되지만, 특히 회원국의 부채가 대단히 많고 이러한 상황에서 경제를 이끌어갈 젊은 층이 줄어들고 인구의 노령화가 심해지기 때문이다. 국가를 지탱하는 다양한 산업 부문에서의 노동력이 이민자로 대신 충당되어, 이는 국가 전체의 소득과 세수 감소로 이어질 것이다.

결국, 노동 인구 감소, 재정 적자 증가는 국가 재정을 파탄으로 몰아넣을 가능성도 있다. 몇몇 국가를 제외한 대부분 국가의 어려움은 유럽연합 붕괴로 연결될 수 있다.

이와 더불어 난민 문제 또한 주요 원인이 될 것이다. 2015년 10월 28일에 게재된 연합신문에 의하면 유럽 난민은 2015년 1월부터 10월까지 지중해를 건너 그리스나 이탈리아 등에 도착했다고 한다. 그 수는 총 70만 명이 넘어섰는데, 그중에 3천 257명이 망명 도중에 숨져 국제적인 문제가 되었다.

지중해를 건너 도착한 난민은 2015년 10월 26일 현재로 그리스 56만 683명, 이탈리아 13만 9천 594명, 스페인 3천 845명, 몰타 105명 등 총 70만 4천 227명이다. 그리스에 도착한 난민을 국적별로 보면 시리아가 27만 7천 899명으로 가장 많고, 그 뒤를 이어 아프가니스탄(7만 6천 620명), 이라크(2만 1천 552명), 파키스탄(1만 4천 323명), 알바니아(1만 2천 637명)로 분석됐다. 이탈리아에 도착한 난민은 아프리카 에리트레아가 3만 5천 938명으로 가장 많고, 나이지리아(1만 7천 886명), 소말리아(1만 50명), 수단(8천 370명), 시리아(7천 72명) 등으로 나타났다.

2015년 들어 지중해에서 숨진 난민은 지난해 전체 사망자의 3천 149명보다 많은 3천 257명이다. 전 세계적으로는 동남아시아 해상에서 숨진 난민 722명과 미국·멕시코 국경에서 숨진 203명을 포함해 모두 4천 570명인 것으로 집계됐다.

수많은 난민의 사망은 난민들의 유입을 강하게 부정하는 유럽 연합에 대해 국제적으로 비난이 쏟아지고, 그에 따른 책임이 커졌기 때문에 발생했다. 특히, 난민들의 망명 국가로 선호하는 영국, 독일은 난민 수용을 보다 많이 하라는 국제 여론과 유럽 연합의 압력에 부담스러워 한다.

이와 더불어, 유럽 연합 내의 저개발국은 날로 부족한 일자리 문제나 물가 상승 등 경제적인 어려움에 부닥쳐 있다. 그러한 국가들의 노동자들은 상대적으로 여유로운 영국, 독일로 망명을 원하고 있다. 이로 인한 경제적인 손실에 자국민들의 불만이 거세다. 이에 영국은 유럽 연합에서 탈퇴를 끊임없이 언급하고 국민 투표를 실시하는 등 강경책으로 나가고 있다.

7. 미국, 세계의 세일즈맨 시대 지배

미국의 잠재력은 아무도 예측하지 못할 정도로 경이롭다. 미국은 공상 과학을 현실로 만드는 나라이다. 이미 화성에 물이 있다는 것을 발표하고 우주에 새로운 자원을 개척하는 데 열정적이다.

이러한 성장의 배경에는 한 세대가 지나서 큰 성과를 나타내는 교육과 기초과학 부문의 투자가 원동력이 된다. 그것은 지식 정보화 시대의 새로운 혁명을 이끌어내고 있다. 컴퓨터 개발을 통해 노동력 종식을 이끌어 냈고 SNS를 통해 대중적인 소통 시대를 열었고 한 페이지 창을 통해 지구촌 사람들이 때와 장소를 가리지 않고 실시간으로 열람을 가능하게 했다.

미국은 커피점 하나로도 세계를 지배하고 있다. 대표적인 것이 스타벅스다. 스타벅스는 28세의 만년 노동자이면서 실업자였던 하워드 슐츠가 창업하여 전 세계에 확산됐다. 스타벅스는 2015년 10월 27일 현재 회계 매출이 192억 달러(약 22조 원)로 작년(164억 달러, 약 18조 8,000억 원)보다 17%나 증가했다. 스타벅스의 전 세계 매장은 68개국에 2만 3천 43개로 순이익은 6억 5,250만 달러(7,500억 원)다. 종사하는 종업원만 147,437명이다. 스타벅스는 미국을 서비스 강국으로 부상시켰다. 스타벅스는 자금성에서도 입점

하여 세계 관광객들은 한 손에 미국의 커피를 들고 눈으로는 중국의 문화를 감상하게 되었다. 미국은 이외에도 맥도날드 햄버거나 코카콜라 등 전 세계의 음식료 시장을 석권해나가고 있다.

특히, 미국식의 세일즈 방식은 미국만의 독특한 경쟁력을 가진다. 미국은 전 세계에 유명강사를 육성하거나 수입해서 영어 교육을 다시 수출한다. 그렇게 돈을 벌고 질 좋은 상품을 수입한 뒤, 다시 상품을 재수출해서 이익을 챙기고 있다. 미국은 전 세계 기업의 주식에 투자하여 이익을 챙기기도 한다. 이렇게 미국이 시대를 주도하는 데 가장 큰 원동력은 혁신과 창조력이다.

할리우드의 대대적인 광고 등에서 볼 수 있듯이 그 어느 나라도 스케일이나 아이디어 면에서 미국을 따르지 못한다. 미국은 세계의 그 누구도 흉내 내지 못할 정도로 경이로운 이미지와 꿈을 잘 만들어낸다. TV, 영화, 스포츠, 음악 분야는 미국이 이미 세계를 지배하고 있다. 상업 문화와 거대한 부의 만남이 다른 외국이 갖지 못할 기회를 만들었기 때문에 가능한 성과다. 더불어 언어와 화폐도 세계를 지배하는 미국의 장점으로 기능하고 있다.

8. 세계 경제 날게 하려면… 정치체계 변화가

세계 경제는 규모나 가치가 커지면서 더욱 통합되는 경향이 있다. 채무불이행 사태 등 동조화 현상으로 세계 경제의 불안은 더욱 확산한다. 국가 간의 불평등과 국가 내 계층 간의 불평등은 더욱 심화한다.

많은 사람들은 새로운 라이프 스타일 허브로 이주하는 현상이 생겨나고 미들 맨들의 이동 역시 확대될 것이다. 그 결과, 새로운 경제 식민지, 경제 권역화 등 국가 간 빈부 격차가 더욱 심화될 것이다. 앞서 언급한 바와 같이 북한의 개성공단의 근로자는 월 7만 원의 봉급을 받고 있지만, 그들이 실제로 받는 금액은 이보다 적은 1/10인 7천 원에 그친다고 한다. 일부 아프리카의 국가의 주민들은 하루에 10원 정도로 빈곤한 생활을 하고 있다. 반면에 미국, 영국, 한국 등은 높은 국민소득과 과도한 음식 섭취로 먹지 않고 살을 빼고자 하는 '다이어트'가 유행처럼 번지고 있다.

　기아로 허덕이는 빈곤국을 해방하는 방법은 현재의 그 국가의 정치체제를 확 바꾸는 것이다. 그러나 기득권층들은 현 체제 유지에 강한 열망과 의지가 있기에 그러한 변화를 시키기가 쉽지 않다. 그러나 작은 변화가 큰 역사와 찬란한 문명을 창조한다. 한 방물의 물이 거대한 바위를 뚫는다. 바람 속에 날아온 먼지가 쌓여 땅을 만들고 그곳에서 생명이 잉태해 거대한 역사를 만든다. 이러한 교훈들은 바탕으로 시간을 두고 조금씩 바꿔가겠다는 국민들의 변화와 혁신에 대한 간절한 열망이 필요하다.

제3장 경제 전쟁 시대, 미국과 중국 전략, 우리 미래와 대응

1. 군사 전쟁보다 더 무서운 경제 전쟁 시대 도래

20세기는 군사력을 바탕으로 한 군사대국이 세계질서의 흐름을 잡고 좌우해 왔다. 그것은 미국과 구소련 간의 군사력에 의한 동서 냉전의 시대였다. 그러나 21세기는 군사력보다도 경제력에 치중한 경제 우위가 중요한 세상이 되었다. 이제 세계를 움직이는 힘의 논리는 군사력이 아닌 경제력이다.

20세기 말 구소련 붕괴, 동서독의 통일, 동유럽의 시장 경제 체제로의 전환은 해묵은 세기에 있었던 동서 간의 이념 종식과 동시에 무한 경쟁이라는 경제 문제가 새로운 시대의 사조가 되었음을 상징하는 사건들이다. 이러한 흐름을 타고 국제 문제를 조정하고 관리하는 WTO와 지구촌 상품을 합법적으로 자유롭게 거래할 수 있게 하는 국가 간의 FTA 협정 체제가 출범하게 됐다.

또한, 급속한 교통과 정보 통신의 발달로 지구촌은 사람, 물자, 돈의 흐름이 하나의 마을처럼 자유로이 이동하는 공간 수렴 현상이 가속화됐다. 덕분에 지구촌은 더욱 뜨겁고 평평하게 되었다. 세계는 이제 반나절 생활권의 시대로 진입했고, 지구촌은 때와 장소와 관계없이 하나의 비즈니스 공간이 되었다.

이러한 거대한 변화에는 핵전쟁보다 더 무서운 경제 전쟁이 수면 위로 떠오르고 있다. 이러한 시대적인 상황을 직시하거나 대처하지 못한 국가들의 경제주권이 박탈되고 그 국가 국민들의 고통이 지속되는 무서운 시대가 전개될 수도 있다. 나아가 이는 경제의 종속화(식민지화)로 이어져 자국의 자원이 선진 자본국에 헐값에 넘어가는 악순환 고리가 만들어질 것이다.

한국 경제가 IMF 체제로 들어갔던 1997년의 뼈아픈 경험도 이 같은 무한 경쟁의 한 단면일 것이다. IMF 당시, 기업들은 줄 파산했으며 근로자들은 강도 높은 구조 조정으로 대량 해고됐었다. 그 결과로 직장을 잃은 근로자들의 생활이 파탄 나는 등 우리나라는 혹독한 대가를 치렀다. 또한, 한국의 엄청난 부가 헐값으로 해외로 유출되기도 했다.

이러한 흑막에는 거대 자본국가인 미국과 함께 일본 등 경제 강국들이 세계 경제를 지배하고자 하는 저의가 숨어있었다고 할 수 있다. 머지않아 세계 자본의 양대 산맥이라고 할 수 있는 미국과 중국 간의 대결이 불가피할 것이다. 승리한 국가는 세계 경제 중심국이 되어 엄청난 프리미엄을 누릴 것이다.

2. 미국 고민, 중국의 세계 대국 부상에 따른 통제 어려움

세계 최강 경제강국인 미국의 고민은 첫째, 높은 실업률과 만성적인 적자로 국가 파산에 직면해있다는 것이다. 그 원인은 근로자들이 일한 것보다 많은 임금을 받고, 이보다도 많은 소비와 지출을 하기 때문이다.

이 때문에 개인과 기업은 파탄 나고 이는 금융 부실로 이어진다. 그리고 이를 구제하기 위한 공적자금이 투입되면서 국가 재정 지출이 확대되어, 결과적으로 달러의 가치가 하락해 국제사회에서 미국의 영향력이 크게 저

하되었다. (개인/기업파탄→ 금융부실→ 공적자금 투입 등 재정확대, 달러 가치 하락으로 국제 영향력 저하)

반면, 군사제국 시대에는 식민지국의 자본 약탈, 무기 판매를 통해 이 같은 문제를 자연스럽게 해결했었다. 영국은 인도라는 식민지를 통해 값싼 원료를 수입하고 비싸게 팔아 그 잉여금을 적은 노동시간으로 많은 임금을 지불하는 형식으로 자국의 국민에게 부유한 삶을 제공했다. 일본 역시도 한국의 자본을 수탈하여 자국의 부를 축적하여 국민들에게 적은 비용으로 양질의 서비스를 제공하여 여유로운 삶을 살도록 했다.

미국은 흑인 노예제도를 통해 많은 국부를 축적하고 세계 대전이나 소규모 전쟁, 냉전 시대에 자국의 무기를 팔아 적은 노력으로 큰 경제적 이익을 취하였다. 그러나 자본의 세계화로 인해 그러한 정책은 더 이상 통하지 않는 시대가 되었다.

둘째, 중국의 세계 경제 대국 부상과 그 통제의 어려움이다. 2013년 10월 현재, 중국은 4조억 불의 외환(그중 미 국채 1조 억 불)을 보유하고 있으며 경제규모가 급격하게 확대되고 있다. 이는 MS, 구글을 포함한 세계 5대 글로벌 IT 기업 모두를 매입할 정도로 어마어마한 자금력이다. 중국의 거대한 자본력은 미국의 통제력에 벗어나 세계 최강의 국가로서 지위를 갖고자 하는 것이다. 최근 중국은 미국 정부의 위안화에 대한 절상 요구를 일언지하에 거절하였다. 이제는 미국의 눈치를 보지 않고 미국과 대등한 관계 속에 정책 기조를 추진하겠다는 중국의 야심을 알 수 있는 대목이다.

또한, 중국은 경제력을 바탕으로 한 군사 대국도 꿈꾸고 있다. 국제 사회의 비판에도 불구하고 2013년 항공모함 '랴오닝호'를 취역시켰고, 2015년까지 2척의 핵 항공모함을 추가로 건조할 예정에 있다. 이는 막강한 경제력에서 오는 자신감이라고 할 수 있다.

셋째, 달러의 약화 및 금값 상승에 따른 경제 정책의 딜레마 직면이다. 이는 미국이 중국에 대해 세계 경제에 대한 영향력을 확대, 저지를 시키기 위한 모티브로 보인다. 금값 상승은 화폐 본위인 금 보유가 적은 중국 자본 (외화 보유액)의 가치를 하락시키는 조치이다. 특히, 금을 좋아하는 중국인의 본성을 자극하는 행위로 거기에는 어마어마한 경제적인 음모가 숨어 있다고 보여진다. 하지만 이것은 미국 경기에 대한 부양책으로써 효과도 없었고 경기는 오히려 위축됐다. 또한, 국제 자본 시장의 달러 지위가 약해지는 부작용으로도 나타났다.

3. 미국, 세계 경제 그랜드슬램 경영

그럼에도 불구하고 경제 전쟁 시대에 승리하기 위해 이러한 정책을 추진할 수밖에 없었던 미국의 전략을 살펴보면 첫째는 중국 경제력을 무력화하는 것이다. 냉전시대를 지배해온 미국은 미래의 세계 질서를 경제자본 시대로 예견하고 세계 자본시장을 하기 위해 제패하기 위해 엄청난 노력을 기울였다.

그것은 지구촌의 경제시장을 하나의 국가처럼 통합하려는 시도이었다. 즉, 식량, 법, 의료, 기업 경영, 화폐의 흐름, 경제 정책 등 삶을 영위하는 모든 재화와 용역을 세계 시장으로 개방하고, 이 모든 과정을 국제적 룰로 관리, 운영하겠다는 것이다. 이것이 WTO 출범과 세계 어느 국가와도 법, 제도에 구애받지 않고 활발하게 교역을 가능케 하는 국제협약인 FTA 협정이다. 1970년 이후, 미국은 이를 국제적인 협약으로 만들기 위해서도 꾸준히 노력했다.

하지만 이렇게 많은 시간과 재정을 투입해서 어렵게 차려놓은 밥상 (WTO, FTA)에 중국은 아무런 대가도 치르지 않고 무임승차하려고 하는 것에 대한 미국 입장에서는 최대의 골칫거리다. 앞으로 경제 전쟁은 중국 對 미국(일본/영국 등은 미국 편에 참여)의 구도로 진행될 것이다. 그리고 미국은 일본처럼 중국 경제를 침몰시키기 위해 전력을 다할 것이다. 미국은 금값 상승, 위안화 절상 등을 통해 중국 경제 시장으로 약화시켜 경제 전쟁에서 우위를 점해 나갈 것이다.

둘째, 세계 경제 전쟁에서 승리해 세계 최강국 지위를 항구적으로 유지하는 것이다. 미국은 광활한 경제 식민지를 개척하고, 저렴한 비용으로 식민지 자본을 유입시키고 높은 가격에 자국상품의 판매하여, 그 잉여금을 자국민의 복지, 편익을 위해 사용할 것이다. 경제적으로 취약한 국가들은 자본 종속화로 풍부한 노동력을 바탕으로 값싼 소비재 상품을 생산하는 국가로 지속 유지될 것이다. 또한, 미국은 자국 산물(농산물 등)에 대해서는 효용성을 늘리고 가격 상승을 유도해 국제시장에서 그들의 이익을 극대화할 것이다.

4. 중국, 청나라와 같은 아시아 경제 패권 차지 야욕

반면, 경제적으로 성장한 중국은 과거 청나라처럼 아시아 경제 식민지를 1차적인 목표로 두고 세계 시장을 제패하려는 야망을 품고 있다. 그래서 아시아, 아프리카, 중동 등에 경제 원조를 펼치면서 중국 친화적인 시장 환경을 조성하고 있다. 특히, 무역 역조가 심한 신흥 아시아 국가, 중동, 아프리카 등에 대해서는 매우 관대한 정책을 펴고 있다. 반면, 최대 부유국인 미국과는 대립/적대 관계를 견지(무역역조 요구 거부 등)하고 있다.

5. 우리 경제, 외국 투기장으로 변절 우려

한국은 세계 자본시장으로 가장 매력적인 국가다. 높은 교육률과 고급인력, 잘 갖추어진 인프라가 한국의 큰 강점이다. 이와 더불어 전자, 자동차, 조선 등의 분야에 세계 최고의 거대 글로벌 기업이 입지해있다.

또한, 한국은 자본결절 국가임에도 세계 7위의 무역 교역 국가로 공항, 항만, 고속도로, 고급 인력, 금융 서비스 환경 등에 뛰어난 인프라를 구축했다. 그렇기에 앞으로 미국, 중국, 일본 등 열강 국가의 투기 각축장으로 한반도가 변질될 우려가 있다.

중국은 변칙이나 권모술수를 통해, 일본은 은밀한 투기자본을 유입해 한국 경제를 교란할 것이다. 한국의 경제 종속화에 목표를 두고 다양한 전략과 책략을 펼 것이다. 이들 국가는 과거로부터 한국을 지배해 온 학습적인 연계 고리를 이용해 한국을 노골적으로 비도덕적인 행위를 가할 것이다. 중국은 고조선부터(한사군 설치 등) 구한말까지 군사력을 통해 통제한 전력을 바탕으로 한국의 경제 식민화를 위해 온갖 권모술수를 자행할 것이다. 중국의 외화 보유액 중 1~2%(320~740억 달러)만 투기해도 한국 금융시장은 초토화될 우려가 있다.

사실 과거 오천 년 한국 역사를 통틀어 보면 중국보다 한 번도 잘 살아본 적이 없었다. 뿐만 아니라 교역에서도 우위에서 있었던 적도 없었다. 그러나 1980년 이후부터 한국은 모든 면에서 중국을 훨씬 능가했다. 이것은 해방 이후 중국 대신에 기술과학이 발달한 미국 등 서구와 교류한 것에 기인한다. 그러므로 우리는 이와 같은 역사적인 과정에서 교훈을 얻어 교역에서 중국에 의존하려는 경제정책 기조를 바꾸어야 한다.

또한, 일본은 식민지 지배에 대해 반성조차도 하지 않고 심지어 독도를 차지하려는 치졸한 행동도 서슴지 않고 하고 있다. 이러한 행태에서 알 수 있듯이 머지않아 한국의 자본 시장에도 깊이 개입할 것으로 보인다.

6. 고립무원에 빠진 우량산업

이런 와중에 날이 갈수록 국가 경쟁력은 떨어지고 경제는 취약해지고 있다. 중국의 부상(浮上)과 엔저로 인해 해외 수출도 부진하다.[1] 또한, 청년실업난(9.2%)도 매우 심각한 수준으로 그 증가 폭이 매년 가파르게 상승하고 있다. 이러한 문제들은 모두 한 뿌리에서 출발한 것이다.

그것은 기업의 생산성과 부가가치가 눈에 띄게 떨어졌다는 점이다. 이것은 국민들의 취업에 직접적인 영향을 준다. 그리고 국민들 간의 분배에도 문제가 생긴다. 세수는 줄어드는데, 분배 문제를 풀려고 복지를 늘리니 재정 문제가 발생할 수밖에 없다. 문제를 푸는 해결책은 일자리 창출 능력을 끌어올리는 것이다.

사실 우리는 조선업, 스마트폰 제조 등에서 세계 제일로 평가받지만, 미국, 일본, 영국 등에 비해 원천 기술이 부족하고 생산 비용 및 거래 비용도 높다.

그래서 우리 산업은 전반적으로 고비용 저효율성 구조이다. 우리 상품

---

1) 이한구, 신동아 2015.10.30.「한국 경제, 고약한 일 겪을 것」
http://media.daum.net/economic/all/newsview?newsid=20151030103639744

이 세계시장에서 인기가 없으면 보다 질 높은 제품을 생산할 수 있는 설비 투자를 확충하지 못한다. 나아가 파생 되는 유통, 마케팅, 영업 전후방연계 기업들이 활성화되지 못하고 도산할 것이다. 이로 인하여 일자리는 점점 줄어들어 국가 경제에 심각한 위기를 가져올 것이다.

반면, 기업이 이윤을 많이 낸다면 일자리도 늘고 임금도 상승할 것이다. 그러나 최근 우리 사회에 근면과 성실로 뭉쳐야 할 노동시장에서 '황제 노동자', '귀족 노동자'가 유행처럼 만연해 있다. 연봉 1억을 받는 노동자들도 이것에 만족하지 못하고 임금 인상을 빌미로 파업하는 등 우리 경제를 위기 속으로 빠지게 한다는 일각에서 우려하고 있다. 한국은 세계 최고 수준의 조선 빅3가 수조 억 원의 적자를 내는 등 산소 호흡기에 의존하고 있다. 이런 상황에서 노동자들은 임금 인상을 요구하며 파업에 돌입하는 상식 이하의 행동하는 경우도 있다. 기업이 파탄이 나면 가장 피해받는 주체는 그 기업에 몸담은 근로자들이다. 그다음은 국민들이다. 이러한 한국의 파탄을 가장 반기는 주체는 한국의 식민지 지배경험을 가진 일본, 중국이 아닌가 생각한다.

현재 우리나라 6대 주력산업이 세계 시장에서 큰 도전을 받고 있다. 이들 산업들은 생산 비용과 거래 비용은 매우 높은 편이다. 모든 산업이 발아기, 성장기, 성숙기, 쇠퇴기를 거치는데, 우리의 조선, 철강 산업은 이미 쇠퇴기로 접어들었다. 거기에 인도 등 신흥국들이 급격하게 발전했고 중국이라는 강력한 도전자가 나타났다. 중국은 발전된 생산 설비를 갖추고 있음에도 낮은 인건비와 거래 비용을 무기로 우리를 크게 압박하고 있다.

자동차 산업의 경우, 네덜란드나 독일은 고속도로를 통째로 빌려 무인 자동차 성능 테스트를 한다. 하지만 우리는 규제 때문에 할 수가 없다. 폴크스바겐이 소비자를 우롱했다 하지만, 사실 이런 시도들로 쌓인 기술 수준 자체는 우리 자동차 회사보다 앞서는 것은 사실이다. 이처럼 우리 자동차 회사도 현재 어려운 문제에 봉착해 있다. 올해만 해도 중국을 상대로 이렇게 고전하는데, 옛날 방식만 계속 고수하고 있으니 그렇게 될 수밖에 없다. 시대에 지난 것을 가지고 다른 나라에 팔려고 한다면, 중국 자동차가 우리를 곧 추월할 것이다.

우리나라는 중소기업뿐만이 아니라 대기업도 정체 상태에 놓였다. 삼성전자 같은 곳을 뺀 대다수 대기업은 독과점하거나 과거의 브랜드로만 영업을 한다. 이대로 가면 얼마 뒤, 소수의 기업을 제외하고는 모두 살아남기 힘들어질 것이다. 또 하나, 우리가 경계해야 하는 점은 전체 국가 예산의 30% 이상을 복지에 남발하는 등 인기성에 입각한 정책이다. 이는 경제 흐름을 흐리게 한다. 이미 한국에서는 적자 예산 운영, 과도한 외채, 복지 포퓰리즘(공짜 지원) 등의 만연으로 국민들이 자유 시장 질서에 대한 불감증을 가지고 있다. 그렇게 만들어진 1,000조 원에 이르는 가계 부채는 가정 경제 파탄의 적신호이며, 이에 따라서 개인 자산 가치가 급격히 저하될 것이 뻔하며, 저평가된 자산(부동산/주식)은 외국 자본에 잠식될 것이다.

7. 과학 기술을 근간으로 경제 성장 주력

이에 대응하기 위해서는 첫째, 가계 부채에 대한 대책이 마련되어야 한다. 가계 부채를 내버려둔다면 자칫 금융 위기와 함께 서민 경제가 파탄 날 수 있다. 이를 막기 위해서 개인별 부채 조사 등 종합적인 대책 마련과 부실 금융 기관의 구조 조정 등 강도 높은 개혁이 필요하다.

둘째, 국가 금융 교란을 차단·방어하는 대책이 마련되어야 한다. 투기 자본, 투기 세력 검증 시스템을 마련하고, 이를 사전 근절해 건전한 금융 질서를 지켜야 한다. 이를 위해 국가 안보와 동일시되는 '(가칭) 금융 안보법 제정'이 필요하다.

셋째, 무역·투자 대상국의 다변화 추진이다. 무역 국가에 대한 균형 잡힌 축의 형성이 반드시 마련되어야 한다. 일본이나 중국이 파놓은 덫에 대한 사전 대응 대책도 중요하다. 이를 위해 한국의 무역 대상국을 미국, 일본, 중국 중심에서 유럽, 중동, 중남미 등으로 확장할 필요가 있다.

넷째, 과학 기술을 국가 근간으로 한 경제 성장에 주력한다. 기술을 주도하지 않고서는 어떠한 발전이나 성장도 할 수 없다. 이것은 반도체 1g이 10만원인 데 비해 자동차 1g이 6원이라는 부가가치의 비교에서 잘 살펴볼 수 있다.

따라서 우리는 경제 성장의 결실로 이어지는 복지인 한국형 복지로 한 정책에 기조를 두어야 한다. 자원이 빈약한 국민들은 일하지 않고서는 먹고 살 수가 없다. 근면하고 성실한 국민만이 선진국의 지위를 유지한다. 그러므로 한국에도 미국의 청교도 정신이나 독일의 근검절약과 같은 선진적인 의식을 함양하는 운동이 필요하다.

8. 자립기반 둔 농업 정책

다섯 번째, 자립화에 기반을 둔 농업 정책이다. 농산물 투기(주기별로 특정 농산물의 이상적 가격 폭등)가 매년 발생하고 있다. 이것은 농산물의 수급 과정이 불안한, 우리 농업의 취약한 구조를 그대로 드러내는 문제이다. 이를 막기 위해 농업 자립화에 기반을 둔 대책이 반드시 수립되어야 한다.

그중 하나는 수경, 바다 농업, 빌딩, 도시 농업 등과 같은 新 농업 기지 개척이다.

그다음으로는 뿌리 산업 및 지연 산업 육성이다. 즉, 기술이나 자본력보다 성실성을 생명으로 하는 뿌리·지연 산업을 집중적으로 키워야 한다. 예를 들면, 지역마다 특색있게 발달한 전통 공예, 도자기, 조립 부품, 음식 등에 대한 육성이 필요하다.

제 4 장 클라우드(Cloud) 혁신과 미래 세상

1. 대변혁의 창조 창, 클라우드 혁명

세상은 창조적인 카테고리(Category)의 창(Window)에서 경이롭게 열린다. 수천 년, 수백 년에 걸쳐 한 번씩 생성되는, 산업 생태계의 대지형이 오늘날 지식 정보화 시대에서는 혜성처럼 순식간에 나타난다. 최근 지구촌 산업 생태계의 대변혁은 바로 클라우드(Cloud) 혁명이다. 클라우드(Cloud)는 우리말로 구름이고 이는 '태양을 가려서 감춘다'는 말이다. 클라우드는 혼란하고 복잡한 것은 모두 가리고 단순하게 원하는 것을 쉽게 이용하고자 하는 생각에서 고안됐었다. 그 속에는 새로운 이미지와 감성, 그리고 더없이 깊고 넓은 상상력이 녹아있다.

우리는 스마트폰을 통해서 클라우드의 발상 전환을 이해할 수가 있다. 휴대폰 제작자들은 인체의 게놈지도와 같이 복잡하게 연결된 인자를 멋있는 인형과도 같이 만들어 놓았다. 이용자들은 부품에 대한 지식 없이도 아주 간편하게 버튼만 누르면 통화를 할 수가 있다. 오디오 역시, 복잡한 부품으로 이루어져 있지만 이를 구매하는 사람들은 부품에 대한 지식이 없이도 간편하게 버튼만 눌러서 음악을 들을 수 있다. 오디오 제작자들이 복잡한 부품을 멋진 케이스로 가리고 가능한 사용자가 쉽게 쓸 수 있도록 만들기 때문이다.

IT 클라우드 서비스도 이러한 영감에서 출발한다. 클라우드는 인간의 가치와 내면세계를 끝없는 상상력을 통해 소프트웨어로 창작한 결과물이다. 클라우드 서비스는 즉시 어디서나 기기의 제약 없이 자료 주고받기, 문서작성, 영상통화, 동영상 감상 등을 컴퓨터로 가능하게 한다. 클라우드 서비스는 전 세계에서, 전 산업에서 혁신적인 비즈니스로 부상하고 있다. 선진국은 기업, 학교, 정부, 의료 기관 등 모든 분야에서 클라우드 서비스를 활발하게 도입하고 있다. 클라우드 교통(통신 흐름)은 연평균 60%의 놀라운 성장세를 보이며, 세계 IT 초일류 기업인 IBM, HP, 아마존, MS 등은 이것을 주력 사업으로 육성하고 있다(최은정, 2012).

2. 신세계를 여는 클라우드(Cloud) 혁신과 미래

이렇듯 클라우드 환경은 우리 생활이나 산업현장에 빠르게 스며들고 있다. 가까운 장래에 클라우드 혁신이 크게 진전되어 전 산업, 전 생활환경이 크게 변화할 것이다. 비용문제로 기존 컴퓨터 환경에서는 불가능했을 서비스들이 클라우드 환경으로 옮겨가 광범위하게 이용될 것이다. 빅 데이터를 저장하고 실시간으로 처리해야 하는 서버 규모의 서비스들을 스마트 폰에서 구동할 수 있고, 음악이나 동영상 등 수많은 멀티미디어 콘텐츠를 USB 메모리나 개별 기기에 저장하지 않고 N-스크린을 통해 서비스를 받을 수 있을 것이다.

N은 부정정수 N으로, 여러 개의 디지털 단말기에 접속할 수 있다는 의미이다. 하나의 콘텐츠를 스마트폰·PC·스마트TV·태블릿PC·자동차 등 다양한 디지털 정보 기기에서 공유할 수 있다는 것이다. 또한, 차세대 컴퓨팅·네트워크 서비스로 시간·장소·디지털 기기에 구애받지 않고 언제 어디서나 하나의 콘텐츠를 이어서 볼 수 있는 서비스 체계를 말하기도 한다(최은정, 2013).

고유 번호 지정을 통해서 많은 사람들이 한 대의 휴대폰을 공유하는 '클라우드 폰' 서비스를 통해, 저소득층이나 소년소녀 가장, 농어촌의 연령층이 높은 노인들을 대상으로 클라우드가 활용될 수 있다. 개인 이력, 서비스 내용, 전화번호 등 개인 데이터가 모두 클라우드에 저장되어 있어 로그인 과정을 통해 서비스 이용이 가능할 것이다.

또한, 웨어러블(Wearable) 등 다양한 장치가 상용화 단계에 접어들 것이다. 구글은 이미 안경을 통해 웨어러블 디바이스 시대를 열 준비를 마쳤다. '구글 글라스'는 사용자의 얼굴에 입는 옷과 같아서 매일 생각하며 행동하는 모든 것에 도움을 줄 수 있으며 스마트폰과는 다른 차원의 서비스이다. 안경을 끼고 사용자가 음성 명령을 내리면 바로 통역 결과, 인터넷 검색, 영상 통화 화면 등이 안경 스크린에 표시되어 나타난다. 이는 앞으로 IT 산업계에 엄청난 지형 변동을 가져올 것이다.

클라우드는 방대한 양의 개인 정보를 저장하고 분석해서 맞춤형 생활 서비스를 지원해줄 것이다(미래창조부, 2013~2016년 업무 계획, 경상북도, 2015). 주민등록번호, 성명, 경력, 행동 이력, 취미 등 라이프 로그(Life Log)로 불리는 삶의 모든 기록이 클라우드로 유입될 것이다.

일례로 우범 지역에 진입하면 본인이나 가족, 파출소에 자동으로 통보해주어 불시의 위험으로부터 대비하도록 해줄 것이다. 또한, 모바일 오피스족의 고민이었던, 많은 양의 데이터 저장이 힘들었던 문제가 클라우드로 해결되면서 인터넷 접속 기기만 있으면 언제 어디서든 클라우드에 접속해 업무를 수행할 수 있어 '마이 셀프 오피스 워크'의 구현이 가능할 것이다.

3. 시장 석권을 위한 총성 없는 전쟁

클라우드 시장은 엄청나게 성장하고 있다. 서비스 자체를 포함해 인프라 부문까지 확장하면 국내 기업 매출은 총 7,600억 원을 기록했던 2014년과 비교해 45%가 성장했다.[2] 이는 민간 기업 중에 클라우드를 활용해 비즈니스 혁신을 달성한 사례가 늘고 정부의 클라우드 발전법 제정에 따른 분위기가 조성됐으며 클라우드 효과가 산업 전반에 퍼졌기 때문이다. 정부는 클라우드 산업을 더욱 성장시키기 위해 클라우드 발전법의 후속 조치로 'K-ICT 클라우드 컴퓨팅 활성화' 계획을 수립하고 추진하고 있다. 또한, 공공 분야의 민간 클라우드 이용 지침, 보안 인증제 등 도입 체계도 조만간 확정한다.

덧붙이면 공공 클라우드 시장이 조만간 완전히 개방되어 시장 규모가 상상 이상으로 확장될 것으로 보인다. 통신 3사를 비롯해 국내 클라우드 업체도 인력을 보강하고 제품 및 서비스 출시 등을 준비하고 있다. 국외에는 아마존 웹 서비스(AWS), 구글, 오라클 등 업체가 한국 진입을 서두르고 있다. 이들 기업은 서비스 홍보와 파트너 모집에 총력을 기울이고 AWS는 서울 데이터 센터 건립을 추진하고 있다(전자신문, 2016.01.19.).

4. 차별화된 포인트 전략 추진

그러나 클라우드 이용에서 데이터 보안과 안정성은 주안점이다. 보안

---

2) 미래창조과학부와 한국클라우드산업협회, 2016.1.18. 보도자료, 「국내 클라우드 기업 매출 40% 성장…」

사고는 그 이유가 복잡하고 다양하며 예측 불가능한 형태로 나타난다. 그러므로 안정적인 클라우드의 이용을 위해 분리된 지역을 하나로 결합한 독립 데이터 센터를 구축하고 이들 데이터를 이중적으로 관리하는 '멀티가용성 존'이나 보안성 및 통제력, 비용 등의 장점이 결합한 '하이브리드 클라우드'등과 같은 신기술을 활용한 대응 체계의 구축이 필요하다(미래창조과학부 2015, 경상북도 2015).

멀티가용성 존이란, 안정적으로 클라우드 서비스를 제공하기 위해 분리된 지역에 독립적인 데이터 센터를 구축하고 데이터를 이중으로 관리하는 기술을 말한다(최은정, 2013). 하이브리드 클라우드란, 개인용 클라우드의 보안성과 통제력, 그리고 공용 클라우드의 비용과 효율성을 결합한 것이다. 이로써 서비스 접속이 집중되는 피크타임 때에 공용 클라우드를 적절히 할당하면서도 중요 데이터를 다루는 업무에서는 개인용 클라우드를 활용하는 것이 특징이다. 그리고 문제발생 시, 클라우드 업체와 고객 간의 상호 협력 체계를 구축하여 문제 해결 및 재발 방지에 최선을 다할 수 있는 시스템이다.

한편, 클라우드 시장의 주도권을 확보하기 위해 주력 분야에서의 선택과 집중이 필요하다. 규모의 경제가 작용하는 서비스형 인프라(IaaS) 시장보다는 부가 가치를 높이는 서비스형 소프트웨어(SaaS), 서비스형 플랫폼(PaaS) 부문을 강화할 필요가 있다.

하지만 국내 IaaS 서비스 업체는 우리나라를 포함해 세계 곳곳에 데이터 센터를 설립해 서비스하는 외국 업체를 넘어설 가능성이 거의 없다는 것이 일반적인 분석이다.[3] 따라서 경쟁력 있는 솔루션을 클라우드에 올려 세

---

3) 미래창조과학부와 한국클라우드산업협회, 2016.1.18. 보도자료, 「국내 클라우드 기업 매출 40% 성장…」

계로 판매하는 차별화하는 SaaS 전략이 필요하다.

또한, 국내 클라우드 서비스 인식 개선과 정보 전달을 위한 홍보도 강화해야 한다. 국내 서비스는 성능과 안정성이 떨어진다는 막연한 불안감을 해소하는 것도 중요한 과제라 하겠다. 클라우드의 경쟁력을 강화하고 증대하기 위해서는 관련 법률을 제정하는 동시에, 선진국보다 뒤처진 국제정보를 외교정책을 통해 보완하고, 사이버 범죄 예방과 보안에 대한 대책을 세워야 할 것이다(최은정, 2013).

그리고 미래 클라우드 서비스의 혁명을 주도할 정예 인력을 육성함과 함께 전 직원을 대상으로 한 '클라우드 활용 방법에 대한 교육'도 실시해야한다. 마지막으로, 클라우드의 보안 시스템을 구축하면서 보건 복지, 환경, 교육 분야 등 민생과 관련된 사업을 대상으로 하는 클라우드 서비스의 도입도 필요하다.

제5장 다문화 사회와 공정 사회

1. 세상을 여는 나침판, 다문화 사회

독일의 정치 역사가인 클라우스 레게비(Clause Leggewie)는 "세상을 열어가는 나침반은 다문화 사회다."라고 했다. 다문화 사회는 21세기의 유토피아가 아니라 우리 실생활에서 날마다 경험하고 있는 하나의 현상이다. 출신 국가나 피부 색깔이 다른 사람들이 같은 공간에서 정서적 공감대를 형성하면서 살아가는 사회가 도래한 것이다. 다문화는 '다름'을 넘어서 더불어 사는 지구촌의 新 패러다임이자 문화 비전이다. 즉, 모두가 사랑의 한 울타리 안에서 함께 호흡하고 느끼고 이해하는 것이다.

오늘날 지식 정보화 및 글로벌의 시대에는 민족이나 국가의 장벽이 없다. 영토는 물론 국민, 국가의 개념도 사라지고 있다. 이러한 흐름은 세계 인류사를 통해서 제시되고 있다. 국수주의의 덫에서 허우적거리던 민족은 쇠망하였고, 문화의 경계를 넘어 다양성을 공유한 민족은 융성하였다.

예를 들어 다민족·다문화 포용은 그랜드 아메리카를 디자인하는 데 근본이 되었다. 아일랜드가 현재 세계 최대의 부국이 된 것도 과거 수백 년 동안 이어진 잉글랜드의 지배 속에서 동인들이 이방인의 이질적인 문화를 이웃처럼 받아들이고부터이다. 이들 국가를 들여다보면 사람, 지식, 교육, 물자가 구석구석 돌아다니며 활발히 흐르고 있다.

멀게만 느껴졌던 다문화 사회가 우리들의 현실로 다가왔다. 그저 물 건너 바깥의 세상일로 생각한 것이었다. 그런 것이 이제 우리의 땅으로 오고 있다.

스탠퍼드 대학교수가 KAIST 총장이 되고 스웨덴이나 미국 등 세계적인 석학이 한국의 대학교수로 임명되었다. 외국의 과학 기술자들이 우리 기업에서 활동하고 있다. 네덜란드 출신인 히딩크는 한국 대표 축구팀 감독을 맡아 월드컵에서 4강이라는 경이로운 성적을 얻기도 했다.

2. 한국 사회의 신주류 등장 움직임

이제 우리의 무대는 세계이다. 국경을 초월한 인구이동은 거스를 수가 없는 대세다. 한국이 선진국으로 나아갈수록 외국인 이주자는 더 많아질 것이다. 이미 그 숫자는 어느새 한국 인구의 약 1%가 됐다. 8명 중 1명이 국제결혼을 통해 다문화 가정을 꾸린다. 농어촌에서는 국제결혼이 40%에 달한다. 이들은 이미 이웃으로 동료로 우리 가운데에 와 있다.

2020년 즈음에는 한국의 신생아 3명 중 1명이 이주민 자녀일 것으로 전망되는바, 이들은 이제 소수로만 머물지 않을 것이다. 그들은 멀지 않아 국토를 수호하는 군인으로, 국민의 재산과 생명을 책임지는 경찰관으로, 미래세대의 교육을 담당할 교사로 활동할 것이다.

3. 다 함께 보듬자!

그러나 그들은 피부색이 다르고 언어가 서툴다는 편견과 차별로 상처받고 있다. 경제적인 어려움, 문화적인 차이, 가족 간의 갈등, 자녀 교육 문제로 아파하고 있다. 여기에는 서로의 정체성과 문화를 존중하며 상처를 보듬고 어깨를 감싸줄 수 있는 따듯한 마음이 필요하다. 팔이 안으로 굽는다고, 껴안을 수 없다고만 하지 말고 몸을 뒤돌려 그들을 안아보자.

40여 전, 독일로 떠났던 우리네 간호사나 광부들이 조국 중흥의 기틀이 된 점을 상기해보자. 남의 일처럼 바라보지만 말고 그들이 새로운 공동체로 거듭나서 사람 냄새나는 한가족이 될 수 있도록 함께 가꾸어 나가자. 그리고 이러한 현안을 깊이 인식하여 국가와 지방이 함께 한번 안아볼 수 있도록 하자.

'행복한 다문화 패밀리 만들기'를 위해서는 종합적인 계획 수립이 필요하다. 결혼에서 이주, 정착, 생활까지의 전 단계를 지원하는 체계 및 제도 기반이 정비되어야 하며, 입국 단계, 입국 초기의 교육 및 적응, 결혼 전이나 정착기의 생활 여건 등을 포괄적으로 지원하는 체계를 마련해야 한다.

또한, 찾아가는 교육 서비스, 행복가족 통장 발급 등의 사업을 추진하여 그들이 자랑스러운 한국인의 일원으로 하나가 될 수 있도록 기꺼이 맞이해야 한다. 그리고 한국어, 한국 예절 교육 등을 비롯해 한국 문화·예술 관람 기회도 함께 제공하여 한국에서의 적응을 앞당기는 데 힘써야 한다. 그렇게 한다면 그들과 우리 사이의 이질감은 해소되고, 그들은 한국에 빠르게 정착할 수 있을 것이다.

우리 사회에 급격하게 스며드는 다문화 사회·가정이 한국을 넘어 세계 인류의 공영과 공존에 이바지하기 위해서는 시대에 앞선 정책을 추진하는 지혜가 필요하다.

4. 온고지신, 비정상의 정상화

"현명한 사람은 옛것이 불편하면 바로 고칩니다."/ "어리석고 무능한 사람만이 옛것을 고집합니다." 이 말에 진나라의 조정은 벌집 쑤셔 놓은 듯이 들끓었다. 감룡과 두지 등 실력자들은 옛것을 지켜야 모두가 안심하고 편해진다는 논리로 정상화의 개혁에 강력하게 맞섰다.

이것은 기원전 359년, 상앙이 진나라의 왕 효공에게 비정상의 정상화 개혁을 위해 전언한 말이다. 당시, 진나라는 융 족의 풍습에 아버지와 아들이 구별 없이 한 방에서 살았고 법질서가 확립되지 않았던, 서쪽 변방 중의 변방 국가였다.

즉, 이러한 비정상의 정상화를 위한 법 제도와 경제, 사회개혁을 통해 대륙의 서쪽에 있던 후진국이 당시에 강대국이었던 위나라, 노나라를 누르고 천하 통일의 주역이 될 수 있었다.

5. 우리사회의 독버섯, 비정상

7년째 머물러 있는 국민 소득 2만 불을 비롯해 우리나라의 이혼율, 출산율, 자살률, 교통사고, 국민 행복 지수, 사회 갈등 지수 모두가 국제적으로 최악이다. 이것은 고도성장의 부작용으로써 오늘날 우리 대한민국의 어두운 자화상이다. 2만 불에서 3만 불로 이르는 데 일본은 5년, 영국은 7년이 걸렸다. 과거 우리와 함께 아시아의 4대 용이라 불렸던 싱가포르는 1인당 국민 소득이 미국을 넘어섰고, 대만은 지난 2010년에 일본을 추월했다. 그 이유를 어디에서 찾을 수 있을까?

현재 우리 사회에는 낡은 폐습과 관행이 독버섯처럼 구석구석 자라나 있다. 이것들을 박멸하지 않고서는 국민 소득 4만 불에 진입하기 어렵다는 것이 우리 국민들의 대체적인 시각이다.

비정상은 우리 사회에 독버섯처럼 자생하고 있다. 수개월 동안 폐지를 팔아 모은 돈을 사기당한 어르신들, 사채의 고리대금으로 인한 고통, 노동자 임금 체불 등 억울한 사연들을 듣고 우리는 아팠으며 그것을 해결하기 위해 지방적 차원에서 꾸준히 노력해왔다.

이런 시점에 비정상의 정상화를 통해 우리 사회에 만연한 폐습과 관행을 혁파하여 국민의 삶의 질을 개선하고 나아가 국민 소득 4만 불 달성 등 선진국 진입을 위한 징검다리로 삼아야 한다.

불공정한 사회를 공정한 사회로 돌려놓아야 한다. 이는 21세기의 새로운 사회 트렌드며, 이것이 실현되면 개개인이 저마다의 소질과 적성을 발견하고 자신의 장점과 창의성을 마음껏 발현시킬 수 있는 풍토가 사회에 마련될 것이다.

17, 18세기 유럽은 면죄부 매매, 귀족 위주의 사회, 봉건제 등 비정상적인 악습을 바로잡기 위해 3권 분립제를 도입하고, 천부 인권을 통한 시민 사회로의 정상화 개혁을 시도했다. 시민 사회에서는 개개인 평등권을 보장해 자유로운 삶과 창조 정신을 이끌어냈다. 그 결과 귀족이 아닌 평민에게도 과학자들이 나왔으며 그들은 탁월한 능력과 창의성을 바탕으로 뉴턴의 만유인력 발견, 와트의 증기 기관차, 방적 기계 발명 등 경이로운 과학 기술의 발달을 가져왔다. 이것이 산업, 생산 현장으로 이어져 산업 혁명을 이뤄냈고 인류의 삶은 한층 더 발전했다. 비정상의 정상화, 공정 사회는 선진국으로 진입하기 위한 선택이 아닌, 반드시 실현해나가야 할 시대의 숙명이다.

6. 제자리로 돌려놔야

이를 위해서는 다양한 정책이 필요하다. 먼저, 서민 생활의 정상화이
다. 청년·여성의 고질적 실업구조, 대형 마트와 골목 상권의 상생 문제, 중
소기업의 애로사항, 불법 사금융, 노인을 상대로 한 기만 상술 행위 등 서
민생활에서 발생하는 잘못된 관행과 폐습을 개선해야 한다.

둘째, 공공 부문의 정상화이다. 지방 공기업의 방만한 부채, 연말에 예산
집중 집행, 고액 세금을 장기 체납 행위, 시·군 경계 지역에 있는 농업인 지
원 문제, 문화재의 부실한 관리 문제 등 공공부문에 발생하는 잘못된 관
행과 폐습을 뿌리 뽑아야 한다.

셋째, 규제·관행의 정상화이다. 공장 입지상에 있는 과도한 규제, 환경 사
업장에 대한 지도·점검, LPG 안전 관리, 비응급환자가 응급차를 이용하는
관행 등 잘못된 규제와 관행을 개선하여야 한다.

마지막으로 법질서의 정상화다. 사회단체나 농업 보조금 등 각종 보조
금을 부정하게 수급하는 행위, 개인정보 무단유출 행위, 쓰레기 무단 투기
행위, 층간 소음 문제, 불법 시위, 불법 고액과외 등 법질서 부문에서 잘못
이해되고 관행화된 폐습을 바로잡아야 한다.

결론적으로 우리 사회의 고질적이고 병폐를 정상화하려는 시도는 창조
경제 실현과 국민행복 시대를 열어 가는 것이다. 이는 나아가 사람 사는 큰
세상의 새로운 길을 여는 시대적 과제이다. 정상화를 통해 잘못된 관행의
개선이 일상 속에서 나타날 수 있도록 앞장서 범국민 운동으로 승화시키
는 데 노력이 필요하다.

제2부
—
국가 혁신론,
대한민국 운영의 길

제1장 미래 飛上의 리더십을 말하다

1. 위대한 리더십 부재

훌륭한 리더십은 그 민족의 번영과 강성대국을 이끌 뿐만 아니라 세계인의 축복이 되기도 한다. 우리나라는 5천년의 유구한 역사 속에 찬란한 문명을 꽃피웠고 석굴암, 첨성대, 한글, 인쇄 기술 등 세계적으로 우수한 문화유산을 간직한 유서 깊은 나라이다.

그럼에도 거대 제국을 경영한 경험은 한 번도 없다. 우리나라는 시대가 바뀔 때마다 사분오열이 되는 하나의 통일국가로 발전하지 못하는 경우가 많았다. 고대 시대에는 낙동강 유역에서만 수많은[4] 왕조가 건설되기도 했다. 그리고 지금은 세계의 유일한 분단국가라는 오명을 갖고 있다. 또한, 영호남 지역 갈등, 세대별 갈등을 비롯한 이념 갈등까지 국민 에너지가 분산되어 국가 발전의 발목을 잡고 있다.

반면에 흔히 오랑캐라고 불렸던, 변방의 유목민족 몽골, 여진족, 돌궐은 중국의 본토를 정복하고 거대 제국까지 경영한 경험이 있다. 물론, 고구려의 광개토왕도 대륙을 점령하여 광활한 국가를 다스렸지만, 이들처럼 중국 본토까지는 뻗어 나가지 못했다.

우리는 몽골이나 여진, 돌궐보다 훨씬 우수하고 문화민족으로 높은 자긍심을 갖고 있었음에도 어째서 광활한 대륙인 중국 본토로 진출하여 거대 제국을 경영하지 못했을까?

---

4) 고대시대에는 낙동강 유역에만 13개 왕조가 있었다.

東西古今의 위대한 국가와 그 나라의 위대한 지도자로 칭송하는 리더의 지도력을 통해 우리가 직면한 한계가 무엇인지 알아볼 수 있다.

2. 천년 로마 제국 비결

로마 제국의 千年 유지 비결은, 민주적인 제도를 통한 자유로운 소통 구조에 있다. 국가 운영을 왕이 독단적으로 결정하는 것이 아니라, 원로원 회의에서 결정하고 시행한다. 이는 국민들의 에너지를 하나로 모으면서 국가 발전의 토대가 되었다. 로마 제국은 폴리스마다 시민 광장을 조성해 누구나 참여하여 자유롭게 토론할 수 있는 분위기를 만들었다.

그들은 전 국민들이 자유롭게 발언하고 주장할 수 있는 소통 문화의 양성화에 나섰다. 주요 의제나 토론에서 대중 소통을 상징하는 '포럼'은 로마 시대의 도시 광장 토론에서 유래한 것이다. '칼보다 펜이 더 강하다.'라는 말에서 알 수 있듯이 언론의 차단은 국민들의 정서를 해치고 국력를 쇠퇴시키며 더 나아가 국가 몰락의 계기가 된다. 로마 역시도 한동안 잘 운영되는 원로원의 민주적인 운영체제가 독단적 변칙적으로 운영되고 황제 1인의 독재에 대해 국민들의 실망과 분노로 국가역량이 급속도로 분산되었다. 결국 찬란한 로마의 역사는 빛을 내려야 했다.

3. 유비와 칭기즈칸 리더십

3국 중에서 가장 기반이 약한 초나라가 강대국이 된 것은 유비의 뛰어난 리더십에 의해서이다. 그의 리더십은 탁월한 인재 용인술(제갈공명)과 신뢰이다. 그는 이를 통해 천하 통일의 기반을 마련했다. 제갈공명이라는 걸출한 인재를 얻기 위해 수백 리의 산골에 3번에 걸쳐 찾아가 그의 영입에 온 정성을 쏟았다. 유비의 정성스러운 인재 모시기는 삼고초려이라는 유명한 고사성어로 오늘날 회자되고 있다.

그다음으로는 신뢰구축이다. 유비, 관우, 장비는 한날한시에 죽겠다는 도원결의의 의형제로 맺고 천하를 도모하고자 하는 신뢰 관계를 맺고 평생을 의로써 관계를 유지한다.

역사적으로 가장 짧은 시간에 세계 2/3를 점령한 원나라 제국을 건설한 칭기즈칸의 리더십은 진공청소기보다 더 강한 흡입력을 가진 포용력이다. 부족장인 아버지가 전쟁에 패해 그의 약혼녀가 적장에게 납치되었다. 그는 권토중래하여 적장을 목을 베고 그의 아내를 맞이했지만, 그녀는 이미 적장의 아이를 임신한 다른 여신으로 변해 있었다. 그는 고뇌하면서 그녀를 그의 아내로 맞이하고 그녀가 낳은 적장의 아이를 자신의 아들로 받아들었다.

이러한 포용력은 주변 부족국가와 이 민족의 국가로 알려졌다. 주변국들은 칭기즈칸에게 항복하면 기득권을 그대로 유지해준다는 그의 포용력에 의해 투항하는 나라도 많았다.

또한, 그는 완벽한 의사소통 구조와 열린 사고 및 개방에도 적극적이었다. 그의 군대는 말을 타고 주요 사항을 논의하고 결정하는 초 스피드로의 의사 결정을 하고 바로 시행하였다. 그는 "성벽을 쌓는 순간, 우리 자손은 망할 것이다."라는 유명한 말을 남겼다. 그는 능력이 검증된 적국의 인재를 과감히 발탁하는 등 인재 활용에도 뛰어난 용인술을 보여 광활한 영토 확장에 디딤돌로 삼았다.

전쟁에서 노획한 전리품을 공평하게 분배하여 병사들의 사기를 높였고 그는 앞장서 몸을 사리지 않고 전투에 임함으로써 병사들은 그의 행동을 보고 죽는다는 자세로 최선을 다해 싸웠다.

4. 미국의 리더십

미국은 대승적인 진리를 신봉하는 국가로서 버리지 않고는 얻지 못한다는 신념으로 거대제국 경영의 철학으로 삼고 있다. 국민들에게 지탄받으면 대통령의 자리도 과감하게 포기하는(닉슨) 철저히 국민중심의 국가이다. 문화, 종교, 인종과 관계없이 용광로와 같이 포용한다. 흑인이나 이민자들도 대통령이 될 수 있는 국가이다. 다민족, 다문화, 다양성을 국가이념으로 채택하고 있다. 또한, 완벽한 소통구조(여론 정치)로 대부분의 정치 지도자들은 국민적인 신임과 존경을 받고 있다.

국민이 원하는 것은 길(道)이고 진리로 숭상하는 나라이다. 흑인인 버락 오바마가 힐러리와 경선 시에 여론이 근소하게 높다는 이유로 그녀의 남편인 빌 클린턴 대통령의 부통령으로 8년 동안 재임하고 민주당의 대통령 후보까지 한 앨 고어 전 부통령, 지미 카트 전 대통령조차도 흑인인 오바마를 지지하였다.

이것은 우리로서는 상상하지 못할 그들만의 정서이다. 국민이 원하면 무조건 자리를 내려두고 그 뜻에 따른다. 그렇기에 다민족과 피부색이 다른 민족이 부대끼며 애국심의 하나로 세계 제일의 강국을 만들었다.

5. 알렉산더 대왕와 초패왕 항우의 리더십

반면 개별적인 역량은 우수하지만 실패한 리더들은 알렉산더 대왕과 초패왕 항우를 들 수 있다. 찬란한 헬레니즘 문화를 꽃피게 한 정복자 알렉산더 대왕은 33세의 젊은 나이에 요절한다. 젊은 나이에 짧은 기간에 제국을 건설하였지만, 그 이후에는 비전 상실, 독선, 의사소통 부재 등 리더십의 한계로 몰락한다.

흔히 천하무적이라고 일컫는 초패왕 항우도 당대 최고의 지략가인 책사 '범증' 등과 원활한 소통을 하지 않는 독선으로 백성의 신임을 잃고 한때 그의 수하에 있는 한신에게 패해 초패왕으로만 명맥을 유지할 수밖에 없었다. 또한, 그의 주변으로 수많이 모여드는 뛰어난 인재를 무시하거나 등한시함으로써 인재 홀대도 거대제국 건설을 좌초시켰다고 보인다.

오늘날, 후진국의 공통적 특성은 리더의 독선과 아집, 그리고 시기, 질투, 버릴 줄 모름, 아집과 고집이다. 우리 속담에 사촌이 논을 사면 배가 아프다는 말이 있다. 그리고 혼자만 알아라, 말하지 말라, 우이독경, 혼내주겠다. 내가 아니면 안 된다 = 너는 안 된다, 차라리 남을 주겠다, 너 때문이다 (恨 문화탄생). 이러한 말들이 우리 사회에 유행처럼 통용되고 있다. 말은 행동으로 이어진다. 이는 사람 간의 단절을 가져와 소통되지 않는 아집, 독선으로 연결되었다. 너는 안 된다는 인재 홀대, 포용력 부족 등으로 인해 지금까지 제국 건설의 기회를 상실한 것이 아닌가 분석한다.

이상과 같이 성공한 리더십의 공통점은 벽을 쌓지 않는 소통(여과되지 않는 정보소통), 유능한 인재 활용, 이질적이고 반대세력이라도 함께 참여시키는 포용력, 약속한 사항에 대해 반드시 지키는 신뢰, 과오인정, 버리고 포기할 줄 아는 대승적 접근이다.

실패한 리더십의 공통점은 나만 알고, 곤란한 사항, 싫어하는 사항 → 정보를 차단하는 소통 부재의 조직 문화, 아무리 우수한 사람이라도 반대편의 사람을 활용하지 않는 리더, 이질적 단체(반대세력 포함) 배척, 잘못에 대한 지나친 책임감 추궁 등 포용력 부재이다. 또한, 측근의 아둔함도 패망의 나락으로 떨어지게 한다. 리더은 아부(잘한다, 싫은 소리 안하는 사람), 일정을 알려주지 않고 다음에 보고하라, 그에게 물어봐라, 나에게 먼저 알려라, 측근들의 리더와의 접근을 의도적으로 막는 그런 것에 경계하여야 한다.

6. 시사점

해결안은 먼저, 완벽한 의사소통 네트워크 마련하는 것이다. 벽을 치는 순간 망한다고 생각을 하고 활짝 문을 열어야 한다. 한밤중이나 새벽에도 죽일 정도로 달려드는 사람일지라도 상담자 입장에서 문제 해결을 실천하고자 하는 의지가 필요하다.

다음으로는 유능한 인재 활용이다. 인력배치 및 조직운영에 대해 24시간을 연구하고 조직원의 특성을 파악(이름, 장단점 공부)함과 동시에 과오에 대한 과감한 문책(인사상 불이익 등)이 필요하다.

바다와 같은 포용력도 필요하다. 바른말을 하고 반대편에 있는 사람들도 능력에 따라 공평한 대우와 요직에 등용한다. 직렬, 출신과 관계없이 승진의 통로를 마련해 준다.

또한, 친밀하고 꼼꼼한 경영 전개이다. 인수분해할 정도로 업무능력을 확보한다. 그래야만 어느 누구도 리더의 권위에 순종한다. 이는 완벽을 요하는 보고서로 보답할 것이고 저절로 조직원의 기강이 바로 설 것이다.

제2장 조용필의 젊은 오빠 비결과
젊은 대한민국

1. 우리들의 영원한 오빠, 조용필

가왕이라고 닉네임을 가지고 있는 조용필(64세) 선생은 1975년, 『돌아와요 부산항』을 발표 이후, 한국인들의 뇌리 깊이 우리들의 오빠로 자리매김 되었다. 현재, 그는 50년 가까이 가요활동을 하면서 일흔을 바라보는 나이에도 남녀노소를 막론하고 여전히 우리 한국인들의 가슴속에 영원히 오빠로 품고 있다.

왜 그가 그토록 젊음을 유지하고 오빠로서 우리 곁에 있을까? 그것은 그의 사상이나 생각, 행동은 언제나 젊으며 스마트하고, 그리고 쉼 없이 젊은 세대와 호흡하고 소통하며 나이에 무색하게 왕성한 활동하기 때문이 아닌가 한다.

그는 최근 그의 신곡 『바운스』5)를 발표했다. 동시에 세계인이 열광하는 싸이의 젠틀맨을 제치고 국내 온라인 음원 차트에서 1위를 차지했다. 그의 곡을 좋아하고 열광하는 층은 대부분, 젊은 층(세대)들이다.

이번에 발표한 곡 역시도 20대가 좋아하는 젊고 경쾌한 사운드에 세련된 가사가 곁들여졌으며 밝고 경쾌한 것이 특징이다. 이와 같이 조용필의 젊은 생각과 왕성한 활동은 그를 세대 간의 간격을 좁히고 세월(나이)을 멈추게 하는 영원한 오빠로 인식하게 한 비결이 아닌가 생각한다.

---

5) 'Bounce'는 사랑하는 이가 나를 '두근거리게 한다', '심장을 쿵쿵거리게 한다'는 의미이다.

2. 열린 사고로 소통, 유연성이 비결

젊은 생각과 소통으로 세계의 많은 지도자들은 세월의 장벽을 허물고 세계사적으로 불멸의 업적을 남기기도 한다. 또한, 그들은 자국의 국민들을 위해 역동적인 리더십을 발휘하여 큰 희망을 주었다. 링컨을 제치고 미국 역대 대통령 중에서 가장 인기 있는 대통령(2011, 美 갤럽 조사)으로 부상한 '로널드 레이건'은 고령에도 불구하고 세계사적으로 큰 업적을 남겼다. 그는 74세에 재선하여 78세에 은퇴한 동서냉전을 종식한 위대한 인물이다. 그는 폐쇄된 이데올로기 시대에 위대한 소통가로 평가를 받고 있다. 그 외에도 독일의 '리하르트 폰 바이츠제커' 대통령은 79살 때에 당선되고 재선을 그쳐 89살에 은퇴한 인물이다. 등소평은 80세까지 중국을 통치하였다. 지난 7월 22일, 이탈리아의 '조르조 나폴리타노'는 88세에 대통령으로 선출되었다. 그의 임기는 7년으로 95세까지 임무를 수행해야 한다. 우리나라 이승만 대통령은 73세에 당선(85세 4선 당선)되고 김대중 대통령도 73세에 당선되었다.

따라서 늙음은 세월의 무게가 아니라 마음의 노을, 이성으로 판단하는 것이다. "청춘이란 인생의 어느 기간을 말하는 것이 아니라 마음의 상태를 말하는 것이다[6](Youth is not a time of life; it is a state of mind). …세월을 거듭하는 것만으로 사람은 늙지 않는다. 이상을 잃을 때 비로소 늙게 된다(Nobody grows old merely by a number of years. We grow old by deserting our ideals). 세월은 흐르면서 피부에 주름살을 남기지만, 정열을 잃으면 정신이 시든다(Years may wrinkle the skin, but to give up enthusiasm wrinkles the soul)…."/ "영혼에 주름이 진다." 이 시는 제2차 세계대전 종전 뒤 유엔군

---

6) 김종필, 『소이부답』(101), JP의 문학과 사자성어, http://news.joins.com/article/18983874

사령관 맥아더 장군이 도쿄 사무실에 걸어놓고 암송했다는 미국 시인 새 뮤얼 울먼의 『청춘(Youth)』이다.

3. 송해 오빠와 100세 장수 시대 도래

「전국 노래자랑」의 사회자인 송해 선생은 90세의 고령이지만 오빠라는 호칭을 가지고 세대를 초월하여 소통하고 있다. 최근 우리 사회는 건강 100세 장수시대, 즉 호모 헌드레드 시대로 진입하고 있다. '호모 헌드레드'는 현생 인류의 조상을 '호모 사피엔스'로 부르는 것에 비유해 100세 장수가 보편화하는 시대의 인간을 지칭하는 용어이다. 우리나라는 100세 인구가 연평균 25% 이상 증가(1천 836명, 10만당 2명)한다. 이로 인해 100세 장수 상품이 폭발적으로 인기(보장성 보험 및 연금 등)가 있다.

최근, 우리 국민은 나이보다 20세가 적은 수준의 건강을 유지하고 있으며, 또한 그 수준에서 활발한 사회활동을 하고 있다. 30, 40대에 결혼하고 50대에 늦둥이 출산하는 것이 일반화되었다. 정부는 100세 장수시대의 문을 열어가고 있다. 노인정에 체력단련 시설 및 건강검진기 설치, 찾아가는 건강검진센터 운영하고 있으며 일부 지방에서는 100세 시대를 여는 '건강 행복 2020 프로젝트'를 마련하고, '100세 장수시대 전담팀' 구성, 운영하고 있다.

현재 우리나라의 농촌에서는 대부분 70, 80대의 고령으로 농사를 짓고 그들은 50, 60대 수준의 건강유지 하면서 역동적으로 생산 활동을 하고 있다.

4. 젊은 사람과 생각 공유, 소통, 젊은 정책 필수

우리를 노쇠하게 하는 것은 나이가 아니라 변화를 두려워 하는 생각과 마음(행동양식)이다. 기업가나 정치인 등은 젊은 사람과 호흡하면서 나이를 무색하게 할 정도로 열정적으로 활동하고 있다. 특히, 경상북도 김관용 도지사는 소통의 달인으로 평가받고 있다. 그는 젊은 청년들과 생각을 공유하고 그들과 함께 24시간 소통을 유지한다. 카카오스토리, 트위터, 페이스북 등 SNS를 통해 매일 글을 올리고 답 글을 쓴다. 여기에 만족하지 않고 학교, 농어촌, 시장과 생산현장에서 청소년, 기업인, 농어민과 어울리고 함께 싸이의 말춤을 추면서 다양한 주제를 가지고 왕성한 현장 소통을 한다. 교복을 입고, 같이 도시락을 먹으면서… 교감을 한다. 대학생 일자리, 농업 및 중소기업가와 현안에 대해 토크를 한다. 청소년 및 대학생 등 수많은 청년들, 활발하게 경북 도정에 참여시키고 SNS 블로그단, 실크로드 탐험대, 청소년 글로벌 독도홍보대사, 사이버 독도사관학교 등을 운영하고 있다. 이러한 역동적인 소통과 생각 공유, 세대 간 벽을 허무는 정책 추진으로 가장 보수적이고 고령화 진전이 빠른 지역을 '젊고 청년 고장'으로 변화시키고 있다.

5. 젊은 대한민국을 위한 앞으로 과제

세계에서 가장 고령화 속도가 가장 빠른 우리나라는 70~80대의 많은 노인들이 50~60대 수준의 건강을 유지하면서 농사를 짓는 등 삶의 현장에서 활발한 생산 활동을 한다.

향후, '호모 헌드레드'시대에 대응하기 위해 코리아 100세 장수 프로그램 개발하고, 실제 연령보다 20세 정도 젊은 건강연령 활동수준에 기초한 농업 및 노인 정책의 재점검, 그리고 그에 부합하는 시책개발 추진이 필요하다.

또한, 젊은 청년과의 생각을 공유하고 그들의 아이디어를 정책에 반영하기 위해 학생, 청년 농촌 리더, 청년 기업가, 청년 체육문화인, 도 및 시군 청년들과 함께 다양한 주제를 가지고 함께 토론하는 현장 토크 프로그램의 개발도 필요하다. 아울러 이들을 각종 위원회에 참여시켜 생동감 있는 대한민국 만들기에 만전을 다 하는 노력이 필요하다.

제3장 미래 행정, 경제 논리로 풀다

1. 부의 원천은 아이디어

21세기 패러다임, 정보 지식화 시대…. 이 시대에는 아이디어가 부의 원천이다. 자원이 빈약한 우리나라는 아이디어가 최대 수혜국으로 다양한 이점을 챙길 수도 있다. 그러기 위해서는 무엇보다도 기발한 아이디어의 창조와 함께 그것을 다양하게 융합하고 활용하는 기술 또한 대단히 중요하다.

우리 행정에서 창조의 끈으로 활용할 수 있는 8개 법칙을 행정 업무나 일상생활에 적용하는 방법을 제시하고자 한다.

2. 경제 성장만이 취업 보장

첫째, '오쿤의 법칙(Okun's Law)'이다. 이것은 아서 오쿤(미국 경제학자, 1928~1980)이 실업률과 경제 성장률 간의 상관관계 연구에서 법칙을 제시하였다. 이는 경제 성장이 취업을 보장한다는 의미다. 경제가 2%성장을 하면 실업률이 1%가 하락한다. 반면, 경제 성장률이 2% 하락하면 실업률은 1%가 상승한다. 즉, 이 법칙은 투자·기업유치가 일자리 만들기와 지역성장의 원천이라는 것을 뜻한다. 따라서 최근 일자리 만들기의 집중은 핵심 리더의 뛰어난 혜안과 지혜를 바탕으로 둔 산물로 중요한 논리적인 근거를 제시한 것이다. 국가경제의 활성화를 위해서는 투자기업 유치, 일자리 만들기에 총력을 다 하여야 한다.

3. 승패는 첫인상에 좌우

둘째, '닻 내림 효과(Anchoring Law)'이다. 이는 미국의 심리학자 대니얼 카너먼이 주창한 이론으로 사람이나 사물의 판단에 첫 대면(인상), 최초 정보가 영향을 받는 것에 출발했다. '닻을 내린 곳에 배가 머문다'는 의미다. 즉, 승패는 첫인상에 달려 있다는 것이다.

이 법칙은 '선점효과'가 핵심이다. 이것을 국책사업 개발·발굴하는데 활동 가능하다. 따라서 다른 사람들이 전혀 고려하지 않았던 새로운 아이디어를 찾아서 각종 사업에 적용해야 한다는 것이다. 남들이 한 것은 별것 아니게 보일 수 있지만, 누구보다 앞서 아이디어를 창조하고 즉각 실천을 해야 선점 이익을 확보할 수 있다. 남들보다 먼저 앞서 나가기 위해서는 다른 사람이 하지 않는 것, 우리 사회에 통용되지 않는 것을 찾아서 시행하는 것이 성공을 가져준다는 것이다.

4. 손목시계와 정확한 업무 지시

셋째, '손목시계의 법칙(Watch law)'이다. 이는 시계 하나만 있어도 정확한 시간을 알 수 있다는 것이다. 오히려 두, 세 개가 되면 혼란만 가중된다는 것이다. 한 가지의 일에 두 가지의 목표는 불필요하다는 것이다.

이 법칙과 관련하여 행정에서의 활용은 명확하고 통일된 업무 지시를 해야 한다는 것이다. 리더는 통일되고 정확한 업무를 지시해야 한다는 것이다. 주의해야 할 것은 지시한 내용을 얼마 지나지 않아 뒤집는 행위, 별로 중요하지 않은 것을 결정하지 못 하고 이랬다저랬다 하는 우유부단한 것은 조직의 큰 해악이 된다. 그리고 다른 부하 직원에게 '이렇게 해봐라.' 지시하고 또 다른 직원에게 '저렇게 해봐라' 하는 상급자의 이중적이고 배타적인 지시는 지양해야 한다는 것이다.

5. 있어야 할 자리에 있어야

넷째, '드 니모의 법칙(de Nimo law)'이다. 이는 드 니모(英 경제학자)가 주창한 것으로, 모든 것은 다 제자리에 있고 있어야 할 곳에 있어야 최대 가치 결과를 산출된다는 것이다. 모든 사물은 제자리를 찾아야 빛을 발할 수 있다는 의미로 올바른 위치 선정, 배치를 통해 가치가 상승한다는 것이다. 이 법칙의 행정 활용은 직원들의 인사배치, 환경정책, 업무분배, 관광개발에 접목이 가능하다. 자연자원의 적절한 이용과 환경친화적인 개발정책이 필요하고, 그래야만 환경 파괴로 발생한 환경비용을 절약할 수 있다.

또한, 직원들의 특징(장점)이나 선호도를 파악하여 분석하고 그에 맞는 적절한 인력 배치를 해야 한다. 그와 함께 개별 직원마다 특성에 부합한 업무를 부여하는 것이 매우 중요하다. 그래야만 업무의 성과를 높일 수 있다. 그런데 우리 환경은 그렇지 못하다. 경제 자유구역청에 파견되어 기업 유치에 탁월한 업적을 이룬 투자유치의 달인이 있는데, 그는 본래 근무하는 직장에 유턴하여 적성에 맞는 투자유치실에 근무를 희망했다. 그러나 그의 적성이나 능력과 아무런 관련이 없고 그가 가장 싫어하는 민원부서에 배치되었다. 이런 경우가 많다.

광역자치단체에서는 직원 1명당 수천만 원씩의 혈세로 여러 명을 미국, 일본에 유학 또는 연수를 시켜 업무의 전문성을 높인다. 그러나 그 기간이 끝나 복귀하면 그 업무와 아무런 관계가 없는 부서에 배치하는 것이 다반사이다.

이 법칙은 이런 문제를 방지하기 위해 개발한 것으로 모든 조직에서는 이를 적극적으로 활용할 필요가 있다. 이와 더불어 지역특성과 여건, 장점을 살리는 관광개발에 접목하면 좋은 결과가 나타날 수 있다.

6. 무의미한 일에 가치를 두지 않음

다섯째, '무가치의 법칙(Law of valueless)'이다. 이는 워렌 베니스(서던 캘리포니아 경영학 교수)가 주창한 것으로 중요하지 않은 일에 무관심한 사람이 가장 현명한 사람이라는 것을 실증 연구에서 제시하였다. 이는 '가치 없는 일로 고통을 받지 말라'는 의미이다. 즉, 쓸데없는 일로 시간과 힘을 낭비할 필요가 없다는 것이다. 이보다 더 어리석고 가치 없는 일이 없다.

인간은 하루 6만 번 정도 생각을 한다. 그 중에 95%를 쓸데없는 일로 고민과 걱정을 한다. 무의미한 것에 시간과 에너지를 낭비하지 말아야 한다는 것이다. 따라서 이 법칙은 직원 관리 및 조직 운영에서 활용할 수 있다.

정확한 업무 방향이나 업무 내용을 지시하기 위해 브레인스토밍을 추진하고 개인별, 부서별로 업무 진단을 통해 불필요한 업무를 과감히 도태시킨다. 1인 1課의 불필요한 업무를 하나 줄이기도 이와 무관하지 않다.

7. 정보의 중요성

여섯째, '올센의 법칙(Olsen's law)'으로 이는 올센(미국 기업가)이 주창한 것으로 외부 및 내부 정보에 관심을 가지고 정보 분석, 기밀유지가 중요하다는 것으로 이 법칙을 제시하였다. 이 법칙은 '정보와 소식에 최우선을 두라'는 것을 의미한다. 아는 것이 힘이고 경쟁력의 원천이 된다는 것이다.

이 법칙은 중앙정책 동향분석으로 통해 적실성이 있는 국책사업 유치, 국비확보, 기업유치 등에 활용이 가능하다. 올바른 정보, 성향분석을 통한 투자유치, 직원, 부서간의 업무(정보) 공유를 통해 조직성과의 극대화를 이룰 수 있다.

8. 엄격 처벌 필요

일곱째, '뜨거운 보일러 효과(Effect of heat furnace)'인데, 이는 뜨거운 보일러에 손을 대면 화상을 입는다는 것이다. 규칙을 어기면 엄격히 법을 집행하여 처벌해야 한다는 것이다. 군율을 지키기 위해 제갈량이 눈물을 머금고 마속의 목을 벤 것과 같은 의미(읍참마속)를 지닌다. 이 법칙은 빈틈 없는 업무추진, 책임성 확보에 접목할 수 있다. 부정부패에 대한 엄중 처벌, 업무 소홀로 인한 화재 발생, 구제역 발생, 대형 산불 발생 등으로 국민들의 재산과 안전에 심각한 피해를 발생했을 경우, 엄중한 문책이 필요하다는 것을 암시한다.

9. 간결하고 단순한 것이 답

마지막으로, '오컴의 면도칼 법칙(Effect of razor)'이다. 이는 윌리엄 오컴(14세기 영국 논리학자)이 주창한 것으로 가장 간결하고 단순한 것이 답이라는 의미이다. 일명 절약/경제성 원리와 같은 이론이다. 스피드 시대에 신속한 업무처리가 필요하다는 것이다. 이 이론을 행정에 활용하면 정확한 정보, 신속한 보고로 변화시대에 주도적으로 대응하라는 것이다. 장황한 보고서보다는 메모지 구두, SNS에 의한 보고가 더 중요하다는 것이다.

제4장 정부 운영의 적, 냉소주의 박멸

1. 변화와 혁신의 적, 냉소주의

냉소주의는 변화와 혁신을 거부하게 하는 것을 말한다. 냉소주의자들은 변화를 지향하는 조직원을 불신하고 조직 변화와 혁신의 성공에 대해서도 비판적 태도를 지닌다. 여기에 파생되는 부정적인 바이러스는 불신감, 소외감, 무력감이 같이 암과 같은 덩어리로 묶어서 구성되어 있다.

냉소주의(Cynicism)라는 말은 그리스 냉소주의 학파들의 학교가 있던 도시인 키노사르게스(Cynosarges), 또는 개(Dog)를 지칭하는 고대 그리스어(Kyon)에서 유래되었다.

즉, 냉소주의는 쌀쌀한 시선이나 비웃음으로 대하는 태도를 말한다. 그리고 철학적으로는 인간이 인위적으로 만든 관습이나 도덕, 제도 등을 부정하면서 인간의 본성에 따라 자연스럽게 생활할 것을 주장하는 사상을 일컫는다. 같은 의미로 견유주의(犬儒主義), 시니시즘(Cynicism)이라고도 한다[7].

국가 운영, 기업 경영, 조직 운영에서 성공을 위한 필수 불가결한 요소는 끊임없는 변화와 혁신이다. 절대 강자도 급변하는 외부환경에 맞춰 변화와 혁신을 하지 못하면 역사의 뒤안길로 사라지는 것이 현실이다. 고생대·신생대에 우리 지구를 지배했던 공룡은 현재는 멸종되어 그 흔적만 남아 있을 뿐이다. 그러나 이 세상에 가장 하등동물인 지렁이는 왕성하게 활동하면서 그 존재 가치를 확연하게 나타내고 있다. 공룡은 생각해서 뇌에서 행동

---

7) 『무용이론사전』, 메디컬코리아, 2011.9.5.

으로 이어지는 데 7~15분 정도의 시간이 걸린다. 반면, 지렁이는 밟으면 바로 꿈틀하고 바로 반응을 한다. 이처럼 이 세상에 살아남는 것은 강한 힘에 의한 것이 아니라 얼마나 신속하게 변화에 잘 적응하는가에 있다.

산업 생태계도 이와 다를 것이 없다. 세계 제일의 휴대폰 회사였던 노키아는 터치 스크린, 무선 인터넷 연결 등 아이폰의 원형기술을 개발하고도 실행으로 바로 옮기지 못해 회사가 문을 닫게 했다. 반면, 위기상황에서 역량을 결집하여 변화에 성공한 기업들은 계속 경쟁력을 유지한다. 삼성전자는 자동차 산업에 실패한 후, 치열한 휴대폰 경쟁 시장에서 자신의 강점을 찾아낸다. 그리고 효과적으로 전략을 마련하여 실천함으로 성장을 계속하게 했다.

따라서 대부분 직원들은 본질적으로 변화와 혁신을 부담스러워하며 거부하는 경향이 있다. 조직 구성원의 20%는 변화에 대해 저항하고 60%는 무관심, 나머지 20%만 수용한다(원자료: Speculand. R, 2006, 삼성경제연구소, 2012, 재인용).

2. 냉소주의는 조직을 좀먹게 한다

변화에 대한 구성원들의 거부는 안정적 상태를 유지하려는 것에서 출발한다. 그리고 이것은 미래에 대한 불확실과 두려움으로 발전한다. 이런 상태에서는 심리적으로 자기방어 자세가 발생한다. 덴버 대학의 제임스 오툴 교수는 인간은 본성에서 나오는 고집, 자만, 관성, 안정 추구, 두려움 등으로 변화와 혁신에 저항(O'tool, J., 1995, 재인용, 조동만, 2012)한다고 했다.

변화와 혁신 거부는 불신감, 소외감, 무력감에서 오는 냉소주의에 기인

한다. 각 구성 요소별로 더욱 세밀하게 살펴보면 먼저 '불신감(Distrust)'은 상대방이 나를 어떻게 해롭게 하고 무엇인가를 부정적인 영향을 끼칠 것이라고 생각하는 감정을 의미한다. 이는 변화와 혁신을 하지 못하거나 더디게 만든다. 초를 이루는 현대사회의 스피드 시대의 선점에서 실패하는 것과 다름이 없다.

조직원들이 리더에 대해 불신을 가질 경우, 변화와 혁신에 대한 시작 자체가 불가능해진다. 불신이 커지면 직원들은 경계심을 갖고 모든 것이 위험하다고 생각하며 이를 회피하려는 복지부동의 성향을 나타낸다.

이를 극복하기 위해서는 부정적인 감정을 낮추려기 보다는 긍정적인 감성을 자주 접하고 경험하게 하는 것이 중요하다. 과거의 경험은 미래를 예측하는 판단기준으로 작용한다. 실패경험은 시도하기 전부터 또 실패할 것이라는 부정적 태도를 견지하도록 한다. 변화와 혁신의 시도가 계속해서 실패를 반복할 경우, 다시 새로운 변화를 시도하려 할 때, 구성원들은 '또 시작이군, 이번엔 얼마나 갈까? 이것도 곧 지나가겠지' 등 자기방어적인 반응(조동만, 2012)을 보인다.

일관성이 없는 정책도 조직 구성원들의 불신을 키우는 원인(조동만, 2012)이 된다. 변화와 혁신의 목표나 전략이 자주 바뀌면 조직원들은 방향 감각을 상실하고 혼란에 빠진다. 또한, 말은 말대로 행동은 행동대로 하는 언행이 일치하지 않으면 아무리 좋고 멋진 목표와 비전을 제시하더라도 조직원들은 그저 말뿐이라고 생각하고 외면한다. 이를 개선하기 위해(김현기, 2003) 리더는 스스로 성공에 대한 확신을 가지고 임해야 된다. 처음부터 끝까지 항상 논리적이고 일관된 의사 전달과 행동으로 비전과 목표를 전달해야 한다. 이러한 노력은 조직원들이 변화와 혁신에 대해 초기에 느낄 수 있는 불안을 해소해줄 뿐만 아니라, 변화를 받아들이는 데 시간을 단축케

해준다.

또한, 아무리 작은 성공이라도 변화를 통해 이뤄냈다면 그것을 조직원들이 알리고 함께 성과를 공유하도록 해야 한다. 이것은 함께 했다는 공유의식을 갖게 하는 동시에 긍정적인 기대와 참여에 대한 의지와 자신감으로 연결된다.

3. 공유하는 조직 문화 조성

소외감은 일이나 사람과의 관계 등에서 상호 연결되지 못하고 혼자 동떨어져 있다고 느끼는 심리상태이다. 이것은 조직원들을 마음으로부터 변화와 혁신을 멀어지게 만든다(김현기, 2003). 조직원들이 소외감을 느끼게 되면 스스로 변화와 혁신의 주체가 되지 못하고 냉소적 반응을 표출한다. 소외감이 커지면 조직원은 변화와 혁신을 제3의 방관자적 입장에서 관망하게 된다. "여기서 내가 무슨 필요가 있어?"/ "도대체 어떻게 되어가고 있는 거야?"/ "나한테 그런 정보를 알려줄 리가 없지"라는 식의 반응(조동만, 2012)이다. 소외감은 변화를 실행하는 것과 관련된 과업이나 또는 변화를 주도하는 집단과의 상호 교류가 없을 때 많이 나타나는 현상이다. 소외감은 직원들에게 참여의 기회를 제공하지 않거나 무엇인가를 숨길 때에 발생한다. 조직의 운영과정에서 자신이 배제되었다고 느낀 직원들은 상대적 박탈감을 경험하며 심할 경우에는 조직과 동료에게 강한 불만감을 갖고 적대감도 표출하게 된다.

변화와 혁신의 진행과정에 대한 정보를 제공받지 못한 경우(조동만, 2012)도 소외감을 유발하는 원인이 된다. 주요 정보를 받지 못한 구성원은 정보를 얻은 집단과 이질감을 경험하며, 결과적으로 참여 의욕을 잃게 된다. 조직 관리자가 시의적절하고 정확한 정보를 제공하지 못하면 루머와 부정적인 정보가 퍼지고 결국에는 변화와 혁신에 실패한다. 반면, 정보를 충분히 제공받아 변화와 혁신과정을 잘 알게 될 경우, 조직 구성원들은 강한 소속감을 느끼고 자신의 역할을 명확히 인식한다. 조직원의 소외를 극복하기 위해서는 변화와 혁신을 추진하는 과정에서 직원들에게 참여의 장을 마련해주는 것이 중요하다. 이를 통해 구성원들은 자신을 변화와 혁신의 주체로 여기고 오너십을 발휘하게 된다.

4. 자율권 부여

무력감(Powerless)은 조직원이 업무를 수행할 능력이나 자율성이 없다고 느끼는 심리 상태이다(김현기, 2003). 이는 변화와 혁신의 성공 가도를 걷는 발목에 족쇄를 채우는 것이다. 직원들이 무력 해지면 변화와 혁신의 동력을 상실하는 것과 같기에 프로젝트를 성공적으로 이루기가 불가능해진다. 직원들의 무력감이 깊어지면 새로운 시도를 하지 않고 피하며 방어적으로 업무에 임하게 된다. "내가 무슨 힘으로 이걸 하겠어?"/ "과연 이게 가능해?"/ "어떻게 할 수가 없어."라는 식의 반응(조동만, 2012)을 한다.

변화와 혁신과정에서 직원들이 무력감을 느끼는 원인은 조직이 조직원들에게 적절한 권한과 책임을 부여하지 않기 때문이다. 조직으로부터 권한 위임을 받지 못하면 조직 구성원들은 오너십을 갖기 힘들고 본인 스스로 자신의 역할에 대한 가치를 평가절하하게 된다. 특히, 권한이 적은 데도 책임이 과도해지면 맡은 업무를 회피하거나 수동적으로 업무에 임할 가능성이 높아진다.

직원들의 역량을 생각하지 않고 급격한 변화와 혁신을 자주 시도하면 조직원들이 극심한 무력감에 빠질 소지가 있다. 아무리 좋은 변화와 혁신이라고 하더라도 직원들이 감당할 수 있는 수준을 넘어서면 직원들은 엄두를 내지 못하고 시도조차 하지 않는 결과가 초래된다. 특히나 크고 빠른 변화가 무리하게 진행될 경우, 이를 감당하지 못하고 직원들이 극단적 행동을 할 수 있다.

이를 극복하기 위해서는 변화와 혁신을 활발하게 확산될 수 있도록 담당 직원에게 권한을 대폭 위임한다. 강한 동기를 부여하여 변화와 혁신을 성공적으로 이끌어내는 것 또한 중요하다. 변화와 혁신이 원활히 진행되면 담당자들의 역할이나 업무 범위를 확대하고 그들의 자기 결정권을 넓혀주도록 한다. 변화와 혁신에 따른 작은 성과에 대해서도 확실하게 보상함으로써 회사가 지속적인 관심과 지원을 보내고 있다는 신뢰를 보여준다.

5. 확산 차단을 위한 사전 관리 철저

냉소주의는 일부 직원에 한정되지 않고 동료, 부하, 상사 등 전 계층으로 확산하는 경향이 있다. 일에 직접 임하는 사람들뿐만 아니라, 일을 바라보는 관점에서도 냉소적 태도가 전이될 수 있다. 냉소주의가 발생하지 않도록 사전에 관리도 중요하지만, 발생한 후에 주변으로 퍼지지 않도록 초기에 모든 역량을 결집하여 진화하는 것도 매우 중요하다.

냉소주의를 직원들의 단순한 감정 상태로 치부하여 그 영향력을 과소평가하지 않도록 주의해야 한다. 냉소주의는 부정적인 심리 상태에서 머무르지 않고 소극적인 참여, 협력 거부, 업무 태만, 이직 등 반 조직적 행동(조동만, 2011)으로 이어진다.

또한, 이를 방치할 경우에 조직원은 불안감, 우울증 등 정신 건강에 심각한 피해를 입을 수 있고 그대로 방치할 경우, 극단적 행동으로 표출할 위험성을 가지고 있다. 성공적인 변화와 혁신을 위해서는 조직 구성원들의 냉소주의를 긍정적인 에너지로 전환하려는 노력이 필요하다.

리더는 조직 구성원들의 변화와 혁신에 대한 거부감을 인정하고 솔선수범하는 모습을 보여주는 한편, 지속적인 관심과 지원을 보낼 필요가 있다(김현기, 2003). 그렇게 한다면 직원들은 변화와 혁신에 대해 느꼈던 불신, 불안, 스트레스를 버리고 미래에 대한 밝은 전망으로 낙관적인 태도를 가질 수 있을 것이다.

제5장 정부 운영의 윤활유, 기분 좋은 소통

1. 사람 간의 신뢰 구축과 위기 극복의 핵심

소통은 어떤 주체가 타인의 삶을 동반자로 받아들이면서 그의 이야기에 귀를 기울이는 것이다. 소통의 출발선은 나와 다름을 인지하고 인정하는 것이다. 특히, 자신과의 소통[8]이 중요하다. 내 마음을 이해하지 못하면 내 마음이 가야 할 길을 잘 모를 것이요, 자신이 원하지 않는 엉뚱한 생각과 행동을 하면서 혼란을 느낄 것이다. 그러면 타인과 소통 할 때에 말하는 것이 당연히 어렵고 버거울 수밖에 없다. 그러니 타인의 말을 진심으로 경청한다는 것도 어려울 것이다.

사람들 앞에서 말할 때는 자신의 감정을 진솔하게 드러낸다는 마음으로 해야 한다. 나 스스로 지나치게 말을 잘하려고 하고 상대방에게 자존심을 세우려고 하면 할수록 불안해진다. 그러니 결국은 대화를 잘못하게 될 것이다. 최고의 말 잘하는 법은 바로 진심이다. 이것은 타인에 대한 이해와 배려와 통한다. 사람의 마음을 얻는 것은 세상을 살아가는 인간의 큰 축복이며 이는 한 국가를 경영하는 것보다 어려울 정도로 국가 운영, 기업 경영, 조직 운영에서 커다란 가치를 지닌다(박종관, 2011).

조직에서 소통이란 개인과 조직의 다양한 벽을 허물어 서로 공감하고 협력함으로써 창조적인 변화와 혁신을 달성해가는 과정이다. 소통은 목표 달성을 위해 구성원들로 하여금 일체감과 결속력을 이끌어내는 핵심 수단이다. 이것은 조직원 간의 신뢰, 직무 만족, 업무 몰입, 조직의 창조적 변화

---

8) http://kin.naver.com/qna/detail.nhn?d1id=11&dirId=110307&

와 혁신의 핵심적인 역할을 한다(엄동욱 외, 2011).

최근에는 정보화와 네트워크, SNS 발달로 소통의 주체나 방식, 내용에서 있어서 변화되고 있다. 과거에는 리더가 소통 중심에서 일방적으로 전달하고 통제하였지만 오늘날은 모든 직원이 소통의 주체로 활동한다(김옥경, 2011). 소통 방식은 하향식(Top-Down)에서 쌍방향, 수평적 방식으로 변화되었다. 젊은 계층들은 쌍방향 간의 참여를 통해 의미를 찾는 방식을 선호한다. 소통의 내용에서 있어서도 단순한 안부, 인사, 축하 내용뿐만 인사이동, 업무 지시, 보고 등 다양하게 이뤄진다.

소통은 조직 내의 신뢰구축과 위기극복에 있어 핵심적인 역할을 한다. 조직 구성원의 신뢰감을 이끌어내기 위해서는 원활한 소통이 필요하며, 소통이 잘 안되면 위기 극복과 성과 창출이 대단히 어려워진다. 오늘날 급속하게 변화하는 글로벌 환경에서 있어 소통의 중요성을 제대로 인식하고 대처해 나가는가에 따라 개인(정병태, 2014) 및 회사 발전에 큰 빛으로 작용될 것이다.

2. 후진적 폐쇄 문화에 닫혀 있는 소통 마인드

이러한 인식에 따라 기존 소통의 문제점을 알아보고 활성화 방안을 제시하고자 한다. 먼저 소통의 유형과 문제점을 살펴보면(엄동욱 외, 2011) 첫째, 불합리한 업무지시 행태이다. "이 봐, 김 대리 나 좀 잠깐 보지? 사장님께 보고해야 하는데, 오늘 중으로 이것을 이렇게 작성해서 보고해." 이와 같이 리더들은 부하직원들에게 업무를 지시하면서 모르는 사람이 봐도 이해할 수 있도록 보고서를 쓰라고 한다. 그러려면 모르는 사람이 듣더라도 이해할 수 있도록 업무를 지시해야 하지만 그렇지 못한 경우가 있다. 위에서는 목표만 전달하고 목표를 달성하면 어떤 혜택이 있는지 대해 아무런 말을 해주지 않는 것이 오늘날 조직 문화다.

그래서 하급자는 업무에 대한 예측을 못 하고 목표를 달성해도 성장한다는 느낌이 없으며 누구를 위한 성과인지 모르겠다고 하소연을 한다. 문제가 있으면 회의를 하는 게 맞지만, 진행 사항을 보고받으려고만 하는 회의가 많은 것이 문제다(삼성, 2010, 영동군, 2014). 또한, 자료 준비를 위한 회의, 즉 회의를 위한 회의가 너무 많다는 것도 그렇다(삼성, 2010, 우리은행, 2007).

두 번째, 일방적인 지시와 구태의연한 조직 문화이다. 조직 내에서 쌍방향 토론이나 의견 교환 없이 일방적으로 진행되는 회의, 즉 토론 없이 상사만 혼자 이야기하는 회의가 많다는 것이다(삼성, 2010, 영동군, 2014). 이는 정작 직원이 궁금해 하는 양질의 정보가 부족하여 조직원의 결속력이 부족하여 조직성과의 극대화가 어렵다(정병태, 2014).

직원들이 아이디어를 내면 발의자가 최종 생산물까지 내야 하는 상황이기 때문에 '너나 잘 해보라'는 식으로 대응하기 일쑤고, 잘 되면 본전이지만 잘못되면 죄인 취급을 받는 조직 문화가 이미 만연해 있다(엄동욱 외, 2011). 반면, 리더는 이러한 현실을 인지하지 못하고 직원들의 소극적 업무 태도를 질책하는 경우가 많다.

셋째, 직원고충에 대한 이해부족과 칭찬에 인색하다. 고충에 대한 상담할 수 있는 인터넷 신문고, 인사고충 상담소 등 다양한 고충애로 상담소를 운영하지만 대개 형식적인 경우가 많다. 매우 어렵게 용기를 내어 상담을 받아 보지만 그 내용을 잘못으로 오도되거나 묵살, 무시되는 경우가 다반사다. 또한, 잘못에 대한 질책은 크게 하는 반면에 잘한 점에 대한 칭찬 및 격려는 미흡하다.

3. 수평적 마인드로 상호 존중

이러한 문제를 개선하고 소통의 활성화를 위해서는 첫째, 리더는 간단하면서 단순한 메시지의 전달이 필요하다. 메시지는 양보다 질이 중요하다.

GE의 前 CEO인 잭 웰치는 "핵심 가치는 700번을 반복해서 직원에게 말하여야만 인지[9]가 된다."라고 한다. 그리고 조직에 급변한 변화가 있을 때에는 직원들에게 정확하고 솔직하게 알리는 것이 중요하다. 그렇게 해야만 조직원들이 동요나 불안하지 않고 회사의 비전이나 목표에 강한 의욕을 가지고 업무에 임할 수 있다.

둘째, 칭찬과 격려의 메시지를 활용하도록 한다. 직원의 강점이나 장점을 긍정적으로 평가하면 조직의 성과도가 높아진다. 그리고 어쩔 수 없이 부정적인 피드백을 이용해야 한다면 인신공격을 하지 말고 사실에 바탕을 둔 문제 자체에 집중해서 지적한다. "이 사람, 이것도 못해?"보다 "자네는 잘 할 수 있어! 다시 해보게."라고 격려에 바탕을 준 의사 소통하는 것이 중요하다(엄동욱 외, 2011). 그 소통의 1단계는 평가하기보다는 실제로 일어난 상황 자체만을 기술한다. 2단계는 상대방을 비난하기보다는 관련된 객관적인 결과나 개인적인 느낌을 분명히 한다. 3단계는 누가 옳고 그른지에 대

---

9) 원자료, Camer, K.S. 2007, Building relationships by communicating supporty, In Whetten, D. A.& Cameron, k.S(Eds.), Developing management skills. Prentice Hall.(엄동욱 외, 2011, 조직 내 소통 활성화를 위한 제언, CEO Information(제795호), p. 15.)

해 논의를 하기보다는 양자가 수용할 만한 대안을 제시한다.

셋째, 협치의 소통문화 정착(제비스 부시, 2013)과 창의적 조직 문화 조성이다. 상하 간의 동등한 위치에서 토론 문화를 정착하여야 한다. 관리자의 특혜를 없애고 자유로운 토론 문화의 정착에 만전을 기해야 한다(삼성, 2011, 영동군, 2014). 특히 주의해야 할 것은 상호 비방이나 상대방의 의견을 무시하지 말아야 한다는 것이다. 리더는 끝까지 경청하고 신중한 판단을 하는 자세가 필요하다.

또한, 리더는 다양한 의견을 조율하고 조정을 통해 직원들과의 소통의 길을 확보하여야 한다(삼성, 2011). 그리고 낯설고 설익은 아이디어라도 끝까지 경청하는 등 직원들의 혁신 익지를 차단하지 않도록 해야 한다(임동욱 외, 2011). 노키아는 아이폰 출시 3년 전(2004)에 연구개발팀이 터치스크린 디스플레이 휴대폰의 도입을 제안하였지만, 경영진은 비용과 불확실성 등을 이유로 거부하였고 이는 노키아가 몰락의 길[10]로 걷는 계기가 되었다.

또한, 도전과 혁신을 가로막는 보수적인 관료주의의 행태를 타파하는 것이 매우 중요하다. 관료주의는 리더의 독단적인 조직 운영으로 혁신과 변화를 막기 때문이다.

넷째, 칭찬과 격려로 긍정적인 감성을 전염(엄동욱 외, 2011)시킨다. 지나치게 질책하면 긍정적인 감정이 위축되고 조직 성과에도 부정적인 영향을 미친다. 거친 말이나 질책 위주의 회의 등 공포 분위기를 조장하면 조직원들은 실제 문제를 숨기고 허위 보고를 하는 등 방어적 태도를 야기한다. 리더는 칭찬과 격려를 아끼지 않는 긍정적 감성을 가지는 것이 중요하다.

---

10) 「Nokia's Bureaucracy Stifled Innovation, Ex-managers Say.」 (2010.9.27.), 「The New York Times」(엄동욱 외, 2011, 「조직 내 소통 활성화를 위한 제언」, 「CEO Information」(제795호), p. 17.

직원들은 리더의 영향을 받아 비슷한 감성을 유지하는 경향이 있다. 리더의 말뿐만 아니라 얼굴 표정, 감정 표현, 작은 행동의 변화에도 민감하게 반응한다는 점에 유의하여야 한다. 무엇보다 우리 사회의 소통을 가로막는 폐습의 울타리가 무엇인지를 한번 점검해보고 먼저 솔선수범할 필요가 있다.

제6장 막힌 칸막이벽을 허물자!

1. 병풍처럼 쳐 있는 칸막이벽

우리 사회에 곳곳에 병풍처럼 처져 있는 칸막이벽으로 인해 국가 경쟁력이 하락하고 있다. 특히, 정보화와 네트워크, 경계 파괴로 異 분야 간의 융·복합화와 SNS 시대에 따른 소통 활성화를 위해 칸막이벽 제거가 큰 과제이다. 특히, 중앙과 지방, 부처·부서, 민간과 정부 간 협업·소통의 활성화를 위해서 칸막이벽 철거가 중요하다. 리더가 다양한 주체들을 만나 그들의 애로사항을 청취하고 현장에서 즉시 해결하는 트러블 슈팅(Trouble Shooting) 방식은 기업과 정부 간의 칸막이벽을 제거한 모범 사례이다.

칸막이벽이란, 어떤 주체가 동반자로 받아들이지 않으면서 보지 않고 동시에 그의 이야기에 귀를 기울어지지 않는 것을 말한다. 다름을 인정하지 않고 타인을 배려와 타인을 이해하지 않는 것은 에고이즘(Egoism)의 한 형태이다.

칸막이벽은 지역·세대·계층·부서 간 할 것 없이 우리 사회의 전반에 걸쳐 다양하게 형성되어 있다. 이는 상호 간의 불신과 대립, 그리고 갈등으로 이어져 국가 발전에 큰 장애가 된다. 오늘날, 칸막이벽의 제거는 우리 사회의 주요한 어젠다(Agenda)가 되고 있다.

2. 중앙과 지방 간의 칸막이벽을 허물어야

다양한 주체와 협력과 소통하여 국가 경쟁력을 확보하기 위해서는 칸막이벽을 제거하는 것이 필요하다. 이를 위해 먼저, 중앙과 지방 간의 칸막이벽을 제거해야 한다. 지방 자치가 도입된 지 21년의 세월이 흘렀지만 사람과 돈, 권한은 여전히 수도권과 중앙에 있다. 국정 정책은 현장인 지방에서 이루어지지만, 집행은 중앙이 한다. 그리고 중앙에서 결정하면 지방은 그대로 따르는 구조로 고착되었다.

이러한 불합리한 벽을 허물기 위해 합리적인 수도권 규제의 완화정책, 지방소비세 및 지방투자촉진보조금 제도의 도입, 지방산업단지조성 허가 절차의 간소화 등을 도입하는 것이 필요하다. 또한, 여기에 만족하지 않고 현장의 생생한 목소리를 이해하고 반영하는 중앙과 지방이 소통하는 '중앙과 지방의 협력회의'를 신설하고, 전국 시도지사 협의회장의 국무 회의 참석을 통해서 지방을 국정의 동반자, 파트너로 인식하여 수도권과 비수도권의 균형 발전을 꾀하는 정책이 필요하다.

3. 세대 간 칸막이벽을 허물어야

그 다음으로는 세대 간의 칸막이벽 제거이다. 개울 및 우물가에서 물을 나르면서 사람을 만나고 정보를 공유했던 50~70 물지게 세대와 스마트폰 세대와 소통하는 디지털 신인류(Digital Ludens)의 2040 SNS 세대 간의 벽은 우리만이 존재하는 특수한 칸막이벽이다.

기성세대들은 젊은 세대의 성실치 못한 개인주의 성향에 미덥지 못하고 있고 젊은 세대는 시대적 상황을 인지하지 못하는 기성세대에 실망하여 서로 간에 등을 돌렸다. 우물가에서 정보를 교환한 우물 세대는 우리 사회에 제기되는 각종 문제를 서로 인정하고, 먼저 마음을 열어 스마트폰 세대에 눈높이를 맞추고 가슴과 마음으로 소통하는 자세가 필요하다.

이를 위해 SNS, 페이스북, 트위터로 그들과 24시간을 친구로서 소통하는 것도 필요하다. 또한, 여러 직업군 세대인 중고등 및 대학생, 젊은 기업가, Young farmer들과 다양한 주제로 토론하고 그들과 함께 유행하는 춤을 추면서 그들과의 생각을 공유해나가는 것도 필요하다.

또한, 그들을 정책의 대상이 아닌 문제 해결의 주체로 인식하고 수많은 젊은 청년들을 SNS 블로그 단체, 실크로드 탐험대, 글로벌 홍보대사로 참여시켜 홍보 효과를 높이는 것도 중요하다.

4. 조직 부서 간의 칸막이벽을 허물어야

다음으로, 행정조직에서의 벽 허물기이다. 일선 현장에서 일하는 공직자들이 행복하지 않고 일할 수 있는 여건이 마련되지 않는다면 아무리 좋은 정책이나 아이디어라도 공염불이 될 것이다. 이에 따라 필요한 조직을 신설하고, 직원의 적성 및 특성을 진단하여 적재적소에 인력을 배치하고, 업무 연찬이나 각종 애로사항에 대한 간담회도 개최하며, 협업을 통한 정보 공유 및 부서 이기주의 타파를 진행하고, 칭찬과 격려를 통해 긍정적 감성 문화를 전파하며, 가정의 날 지정 등 업무 간의 칸막이벽을 제거 하는 것에 최선을 다해야 한다.

5. 칸막이벽 철거는 성숙한 사회 발전의 길

조용필의 신곡 「헬로」, 「바운스」가 월드스타 싸이의 「젠틀맨」을 능가하는 인기를 유지하며 그가 우리들의 영원한 젊은 오빠로 남아있는 것도 세대 간의 생각 공유에 기인한 것이라고 본다.

한 국가의 성숙도는 배려와 이해, 타인의 말에 귀 기울여주 것이다. 이는 다름을 인정하고 배려를 통해 칸막이벽을 제거하는 것으로 성숙한 사회를 실현할 수 있다.

오늘날에 미국이 세계 최강의 지위를 누리는 것도 칸막이벽이 없는 다양성에서 비롯되었다는 점에서 이것이 시사하는 바는 크다. 즉, 내가 앞서 칸막이벽을 허물고 새로운 시대를 여는 기술이 필요하다.

제7장 영호남 지역 감정을 살펴보다

1. 그 연원, 어디서 나왔나?

영호남의 갈등 및 감정의 그 연원은 고대 삼국시대까지 거슬러 올라
가지만[11], 대체로 고려 태조 왕건의 훈요 10조[12]에 기인하고 있다. 그 내용
은 차령산맥 이남과 금강 밖 산의 모양과 형세는 반란의 背逆형이고 이것
은 급기야 국가 반란을 일으키거나 국가를 전복할 것이라는 지세라는 것
이다.

풍수지리에 근거한 정도전의『정감록』(鄭鑑錄, 背山逆水設)과 이중환『택
리지』에서는 호남은 땅이 멀고 풍속이 사나워 사람이 살 곳이 못 되며 사
람 또한 교활하여 도리가 아닌 것을 위해서도 쉽게 움직인다고 한다[13]. 정
여립(동래 정씨, 전주 태생)의 난과 갑오 농민혁명을 진압하고 민심을 수습하
는 과정에서 호남을 逆鄕으로 보게 된 것도 있다[14]. 당파 싸움의 과정에서
개인적인 좌절과 분노, 감정에 호남을 편향적인 시간으로 으로 인식하였던
것이다[15]. 또한, 곡창 지역에 대한 가렴주구(苛斂誅求), 일제강점기의 수탈
정책 등에 의해서 볼 수 있다. 그 외에 삼국 시대에 각각 독립된 왕조 체제

---

11) 원한식(전주대),「한국 정치에 있어서 영호남 지역감정」,『정책과학논입』제3집, p. 127.

12) 서기준(조선대), 2001,「한국의 정치적 지역갈등 구조 분석」,『한국동북아 논총』제19집, p. 222.

13) 서기준(조선대), 2001,「한국의 정치적 지역갈등 구조 분석」,『한국동북아 논총 제19집, p. 222(재인용, 홍이섭,「택지리해제」,『한국사상대전집』24, 서울: 동아출판사(1977, p. 481)

14) 서기준, 상계서, p. 5.

15) 김호섭(서울교대),「지역갈등의 현황과 요인분석」, p. 12.

에서 하나 통치체제를 분리·통합하는 과정에서 경쟁·적대 관계[16]에 의해 발생하였다는 설도 있다. 그러나 이것이 호남차별이 생겨난 데에 근원이 되었다고 하지만 현실적으로 가능성이 낮아 보인다.

2. 역사적 고증을 통해 살펴보다

이에 따라 영호남의 교류 협력, 갈등을 역사적인 고증을 통해 살펴보고자 한다. 먼저, 삼국시대(서기전 57~668)에는 〈표2〉 120년간 나제 군사동맹, 혼인동맹, 과학기술 교류 등 다양한 협력체제를 유지한다. 서기 433년에는 신라의 눌지왕과 백제의 비유왕 간의 동맹이 성립하였다.

그러나 553년에는 신라 진흥왕이 백제 땅인 한강을 점령함으로써 나제 간의 동맹 관계가 파기된다. 그러나 백제의 동성왕과 신라 이벌찬의 딸 '비지'의 혼인, 백제의 '아비지'가 황룡사 9층목탑 건립, 백제 무왕과 신라 선화공주의 혼인 등을 통해 다시금 동맹 관계가 이뤄졌다.

〈표2〉 삼국시대~통일신라의 영호남 갈등 및 교류 협력

연 대	대 상	주 체	주요 내용
삼국 시대 (서기전 57~ 668)	5세기 군사 동맹 (433~553) 120년간	신라 백제	· 고구려 장수왕 평양천도 남진 정책 추진 계기 · 433년 신라 눌지왕, 백제 비유왕 동맹 성립 · 551년 연합군 구성, 고구려 땅 한강 유역 점령 · 553년 진흥왕 백제 땅 한강 점령 계기 동맹파기 ※ 서기전 57년(혁거세 거서간 1)부터 935년(경순왕 9)까 지 56대 92년간 존속

---

16) 조경근, 1987, 「정치사회화의 시각에서 본 영·호남 간의 지역감정 실체와 악화 및 그 해소」, 제 7회 한국정치학회·재북미한국인정치학자회 합동할수 대회 발표논문, p. 36.

연 대	대 상	주 체	주요 내용
5세기 말	혼인동맹 (493년)	백제 동성왕	· 백제 동성왕, 신라 이벌찬 비지와 혼인, 두 나라 동맹 관계 더욱 공고히 함
6세기 (599년)	향가 창작 (서동요)	백제 무왕 · 신라 선화공주	· 바보 온달과 평강 공주, 호동 왕자와 낙랑 공주와 더불어 **서동과 선화 공주 이야기는 우리 역사상 3대 공주 이야기**, 삼국유사에 등장
6세기 (599년)	향가 창작 (서동요)	백제 무왕 · 신라 선화공주	· 신라 진평왕 셋째 딸인 선화 공주는 누구도 따라올 수 없는 아름다운 여인 · 사랑 얻기 위해 서동(무왕 아명)은 서라벌로 가서 마를 어린애들에게 주며 **"선화 공주가 밤마다 서동을 찾아와 안고 간다."**라는 향가 부르게 함 · 신라와 백제 시대의 대표적인 러브 스토리 ※ 선화 공주님은 남몰래 정을 통해 두고 맛둥 도련님을 밤에 몰래 안고 간다.
7세기	익산 미륵사지 (639)	신라 선화 공주	· 2만 5천 평 규모, 한국 가장 큰 절터로, 국보 제11호 미륵사지 9층 석탑 · 무왕과 용화산(미륵산) 걷다 미륵 삼존 출현한 계기로 선화공주 제안하여 미륵사 창건
	황룡사 9층 목탑 (645)	백제 아비지	· 225척(79.2m), 현재 건축 기술 수준 1,000m 높이 · 선덕여왕 때 백제 명공 건탑(建塔) 아비지 만듦
8세기 통일 신라 (668~ 935)	상생 협력 (화쟁 사상)	원효 대사	· 신라 고유 토착 정신 살려 화합과 통합의 화쟁 사상 설파 귀족과 토호 세력, 백제/고구려 유민 세력 간 사회 분열 상황에 통합석 회통 선개 ※ **會通**: 회는 모임, 통은 의사소통, 서로 모여 소통 통해 서로 조화를 이루는 것 – 호남 지역에 원효 관련 다수 사찰 있음(광주 원효사, 부안 개암사, 여수 향일암, 고흥 금탑사, 강진 천황사·무위사, 나주 다보사 등)

후백제(892~936) 시대에는 상주 출신인 견훤이 백제 유민과 무진주에 봉기, 전주에 도읍을 정한다〈표3〉. 대구 팔공산에서 왕건과 전투에서 전사한

전남 곡성 출신인 신숭겸 장군을 추모 사업을 추진하고 있다.

〈표3〉 후백제 시대의 영호남 갈등 및 교류 협력

연 대	대 상	주 체	주요 내용
후백제 (892~ 936)	후백제 건국 견훤 (869~936)	견훤 · 백제 유민	· 경북 상주성 아자개 아들, 상주출생 · 무진주(광주)에서 반란하고 완산(전주) 도읍으로 후백제 건립, 고려 왕건 치열한 전투
후백제 말	추모 사업	신숭겸 장군 (927)	· 전남 곡성 출신, 후백제 왕 견훤, 신라 침공했을 때 팔공산 왕건 도와 맞서 싸우다 전사 · 팔공산 일대, 신숭겸 장군 유적지 다수 현존 · 표충단, 동상 세워 충절 기림

고려 시대(918~1392)에는〈표4〉태조 왕건 훈요 10조에 호남인을 차별하는 문서를 제시하고 있지만, 여러 정황상 다양한 의문이 제시[17]되고 있다. 실제로는 왕건이 전남 출신의 도선 국사를 평생 사표로 삼고 전남 출신 최지몽를 최측근 태사로 임명했으며 나주 출신 호족인 오다련 여식을 장화 왕후로 봉하고 그녀의 아들인 '왕무'가 2대 왕 혜종이 된다.

〈표4〉 고려 시대의 영호남 갈등 및 교류 협력

연 대	대 상	주 체	주요내용
고려 시대 (918 ~1392)	고려 통치 헌법	훈요 10조	· 훈요 10조(고려사), 호남지역 편견과 갈등 발단 -차령산맥 이남과 금강 밖의 모양과 땅 형체 背逆 달림, 민심 또한 그리함 -그 지역사람 국정 잡게 되면 국가를 변란재난을 일으키는 자가 반드시 있을 것임 - 양민이라 할지라도 벼슬 두어 일 보게 하지 마라 (서기준, 조선대 교수)

---

17) http://www.sdjs.co.kr/comment.php?catald

조선 시대(1392~1910)에는 갈등보다는 교류 협력이 대세이다.〈표5, 6, 7〉 초
기에는 영주 출신인 정도전과 장수 출신(조부)인 황희가 국가 발전 초석을
마련했고, 줄곧 학문교류를 하는 등 깊은 우호 관계를 유지했다. 영남 사림
의 거두인 김종직 선생은 전라도 관찰사에 역임하여 호남 인사들과 교분
관계를 유지했다.

〈표5〉 조선 시대의 영호남 갈등 및 교류 협력

연 대	대 상	주 체	주요 내용
조선 시대 (1392 ~1910)	조선 건국 · 기틀 마련	정도전 (1342 ~1398) / 황희 (1363 ~1452)	· 조선 건국과 초석 마련 · 삼봉 정도전 경북 영주, 황희 전북 장수(조부) · 황희, **신라 경순왕 부마 시중(侍中) 황경(黃瓊) 후손**
15세기 중·말엽	영남 사림 교류	김종직 (1431 ~1492)	· 영남학파(嶺南學派) 종조(宗祖), 전라도 관찰사 역임 · 그의 제자는 김일손, 남효인, 홍유손, 유호인, 김굉필로 당대 최고 성리학자
		김굉필 (1454 ~1504)	· 김종직 문하생인 김굉필 달성 현풍 고향, 순천에 귀양 가서 호남의 성리학 거두인 **최산두, 유계린** 등께 학문 배움
16세기	호남 5 성현	노진 (1518 ~1578)	· 함양 출신으로 호남 5 성현, 대사헌·예조 판서·이조 판서 등 내직 받지만, 병 때문에 나가지 못 함 · 기대승(奇大升)·노수신(盧守愼)·김인후(金麟厚) 학자 교류, 어머니 지극한 효도 정문(旌門) 세워 졌음 · **남원 창주서원(滄州書院)**, 함양 당주서원(溏州書院) 배향, 문집『옥계집』 · **호남 5현: 김인후 · 유희춘 · 기대승 · 이항 · 노진**

퇴계와 고봉 '기대승'은 서로 스승과 제자로 13년 서신 교환을 한다. 영남
(함양) 출신인 '노진'선생은 호남의 5 성현에 포함되어 있다.

중기에 호남 출신 인물들은 의병 활동 및 학술 활동을 통해 상호 간의 두터운 존중과 교분 관계를 유지했다. 울진 출신 의병장인 정담이 전주에 전사한 것을 추모하여 사람들은 제문 및 사당을 건립하였다. 또한, 부안 출신인 '유형원'의 『반계수록』을 김천 출신인 '배상유'가 발간해서 세상에 내놓았다.

〈표6〉 조선 시대의 영호남 갈등 및 교류 협력

연 대	사 업	주 체	주요 내용
조선 중기 16세기 중엽	스승 · 제자	퇴계 (1501 ~1570) · 고봉 (1527 ~1572)	· 1558년 영남 출신으로 당대 대학자였던 이황과 호남 출신 신진학자 기대승 만남 - 당시 이황은 성균관 대사성, 기대승 과거 갓 급제, 나이 차이 26세 - 퇴계는 기대승 훌륭한 학자로 선조께 천거 · 그 후에 퇴계는 고봉을 동료로, 고봉은 퇴계를 스승 인식하면서 13년 동안 편지 주고받고, 8년 동안 왕복 서신 '사단칠정(四端七情)' 논쟁 전개 - 퇴계: 이기이원론(이성과 감정 다름) - 고봉: 四端(이성)과 七情(감성/본성) 같음 　① 4仁 端: 측은지심, 수오지심, 겸양지심, 시비지심 　② 본성, 7 감정: 喜怒哀樂愛惡慾
16세기 말엽	영호남 선비 비극	정여립 사건 (1589)	· 전주 출신으로, 모반을 획책했다 하여 관군에 쫓기던 중 자결 - 내용은 "그를 따르던 대동계 인물들이 한강 결빙기 이용, 황해도, 전라도에서 동시 봉기하여 입경하고 대장 신립과 병조판서 살해, 병권 장악하기로 하였다."라는 것 - 이로 기축옥사 진행되고 천여 명이 희생됨 · 이와 관련 "호남을 제거하고 영남과 기호 사람들끼리 피투성이 지역 싸움한 것" 설명

연 대	사 업	주 체	주요 내용
16세기 말엽	영호남 선비 비극	정여립 사건 (1589)	- 실제 호남 선비가 가장 큰 피해 보고, 영남 남명과 퇴계학파 선비들도 화 입었음. · 성주의 김우옹 등 정여립 사건은 호남과 영남의 개 혁적 선비들 함께 희생된 역사 비극

〈표7〉 조선 시대의 영호남 갈등 및 교류 협력

연 대	사 업	주 체	주요 내용
16세기 말엽	의병 활동	정담 (鄭湛) (1592, 선조 25년)	· 경북 울진 무신, **임진왜란 때 전주 외곽 웅치 전투 에서 왜적과 싸우다 전사** · 광주 출신 임진왜란 당시 전사한 의병장 고경명 아 들인 고용후, 전쟁 후 정담 영전 제문 올림 · 최근 **정담 사당 전북 진안** 세워졌음
17세기 중·말엽	국가 政策書 '반계 수록' 발간지원	유형원 · 배상유 (1658) 효종 9년	· 전북 부안 반계 유형원과 김천 배상유 절친 - 반계는 서울 나고 자랐지만 부안 우반동에 은거 - 유형원「磻溪隨錄」완성 후 3년 만에 세상 떠났음. 그의 저작을 세상 알리고 정책 반영시키고자 노력 한 것은 동지이며 사돈인 만학당(晩學堂) **배상유 는 류형원 사후에「반계수록」필사** - 당시 남인의 거두였던 윤휴와 이현일에게 보내 발 간요청, 개혁안을 정책 반영건의
	춘향전	이몽룡 성춘향 숙종 (1674 ~172)	· **이몽룡 봉화 출신, 한국문학 작품 가장 널리 사랑 받음. 판소리, 영화로 창작 발전** · 남원부사 아들 이도령과 기생의 딸 춘향이 광한루 정을 나누다, 임기를 끝내고 서울로 돌아가자 두 사람은 다시 만날 것 기약 이별 · 그다음에 새로 부임한 관리 춘향 미모 반하여 수 청 강요. 춘향은 일부종사(一夫從事)를 앞세워 거 절, 옥에 갇혀 죽을 지경 이름 · 이도령, 과거 급제 어사가 되어 신관 부사 탐관오리 몰아 봉고파직(封庫罷職), 춘향 구출, 춘향을 정실 부인으로 백년해로

구한말 및 일제 강점기〈표8〉에 호남 인물들은 동학 혁명을 주도하고 항일 전선을 구축했다. 경주 출신인 '최제우'는 동학 이론을 정립하였다. '전봉준'선생은 동학 농민혁명을 주도(실천)했다. 대구 학생들은 광주 학생 운동을 지지·호응하는 궐기를 추진했다. 전남 신안군 암태도에서는 일본의 수탈에 저항하는 소작 쟁의가 일어났고 대구 노동공제회에서는 지원 비용을 모금해 암태도 주민들에게 전달했다.

〈표8〉 구한말 및 일제 강점기의 영호남 갈등 및 교류 협력

연 대	사 업	주 체	주 요 내 용
구한말· 일제 시대 (1910 ~1940)	동학 혁명 고종 31년 (1894)	최재우 최시형 전봉준	· 경주 출신 최제우, 민족 정신 집대성한 동학 창시 · 경주 출신 최시형, 제2세 교조로 동학 교세 확장 · 동학, 민족사상으로 뿌리내린 곳은 호남 – 전봉준/김개남/손화중 등 동학농민혁명 주도

20세기	항일 운동
	지원
		岩泰島
		小作
		爭議
		(1923
		~1924)
			· 전남 무안(지금 신안군) 岩泰島 소작농민들이전
			  개한 농민 운동, 일제와 지주 탄압에 대항
			– 쟁의는 소작인들의 항일 운동으로의 발전
			· 암태도 소작쟁의 활동 지원을 위해 대구 노동공제
			  회는 모금 지원 활동 전개
			– 대구 정운해와 광주 서정희는 긴밀히 교류
			  (1923.9.~1924.9.) 소작인과 지주가 벌인 쟁의 사건. 일제
			  저미가정책(低米價政策)으로 지주 수익 감소로 손실
			  보충 위해 암태도 7~8할 소작료 징수, 고율 소작료에 시
			  달리던 소작인들은 1923년 9월 서태석(徐郃晳)의 주도
			  로 '암태 소작회'결성, 지주 문재철(文在喆)에 소작료 4
			  할로 내려줄 것 요청. 이를 묵살하자 문씨 측은 1924년
			  4월 면민 대회를 마치고 귀가하는 소작인을 습격. 소작
			  회는 전조선노농대회(全朝鮮勞農大會)에 대표를 파견
			  하는 등 항쟁하여 '소작료 4할로 인하 성공, 암태도 소
			  작쟁의는 1920년대의 대표적 소작 쟁의로 전국 전파 지
			  주와 이를 감싸는 일제 관헌에 대항한 항일운동 성격

연 대	사 업	주 체	주요 내용
20세기	친분 관계	仁村 김성수· 石齋 서병오 1920 전반	· 대구 서병오와 호남 김성수, 각별한 교우관계 유지 · 1921년 김성수가 대구에 들렀을 때 서상일의 안내 받아 서병오와 만났음 · 이때, 김성수는 서병오로부터 仁村 별호 얻음
20세기	광주 학생 호응궐기	광주학생 운동	· 광주학생운동, 1929.11.3일 시작 1930년 1월까지 전 국 확산한 학생 항일 운동 · 대구 지역 학생들, 광주 학생 운동에 호응 궐기

현대사〈표9〉에는 포항제철 제2 제철소를 광양에 건립하고, 김응용/선동열 감독이 프로야구 삼성 라이온즈의 감독을 역임하여 각각 3회, 2회의 한국 시리즈를 우승했다. 1970년대에는 대통령 선거에서 영남 박정희 후보와 호남 김대중 후보 간의 치열한 선거로 지역 대립의 양상으로 전개 이후 현재까지 이어지고 있다.

1971년 제7대 대통령 선거 때는 "경상도 사람치고 박 대통령을 안 찍는 자는 미친놈!"/ "서울에 가면 구두닦이, 식모 모두 전라도 사람이다!"라는 각종 유언비어를 날조해서 지역 갈등을 고조시켰다.

1987년 제13대 영호남 투표 실태를 보면 지역 정체성을 띤 대립의 양상이 보인다. 특히, 2002·2007년·2012년에는 지역주의와 더불어 세대 간의 균열도 일어나는 특징을 보였고 영호남 20~30대 연령층은 여고 관계없이 투표하는 경향을 나타냈다.

<표9> 현대사의 영호남 갈등 및 교류 협력

연 대	사 업	주 체	주요 내용
현대사 (1970~현재) 70년대 이후	선거 갈등	박정희 김대중	· **1971년 제7대 대통령 선거** －"쌀밥에 뉘가 섞이듯 경상도에서 반대표가 나오면 안 된다. 　경상도 사람이면서 박 대통령 안 찍는 자는 미친 놈이다." －"호남 사람이 받은 푸대접은 1200년 전부터다. 서울 가면 　구두닦이, 식모는 모두 전라도 사람이며, 남산에서 돌을 던 　져 차가 맞으면 경상도요, 사람이 맞으면 전라도이다." · **1987년 제13대 대통령 선거** －영호남 투표 행태, 지역 정체성 띤 지역주의 양상으로 악화 · **2002년·2007년·2012년 대통령 선거** －지역주의와 더불어 세대 간 균열 두드러진 게 특징 －영호남 20~30대 연령층, 지역·연고 관계없이 투표하는 성향 　확산 ※ 지난 6월 새정치연합 김부겸 대구시장 후보 40.42%, 7월 보선, 　이정현 새누리 순천, 곡성
80년대 ~현재	경제 협력	포항 제철	· 포항 본사 둔 포항제철 제2 제철소 설립 · 전남 광양으로 선정 · 1981.11. 확정, 1983.10.24. 공식 업무 시작
	김응용 선동열 이승엽	체육 교류	· 김응용 감독, 83년부터 18년 해태 감독으로 9차 한국시리 　즈 우승, 2011년부터 삼성 라이온즈 감독 4년간 재임하면서 　3차례 우승시킴 · 야구의 태양, 나고야 수호신 선동열 감독 2005부터 6년간 　삼성 감독 2차례 우승, 오승환 같은 대스타 육성 · 아시아홈런왕, 대구 경북 희망 이승엽 전남 강진生, 8세 때 　대구 이사

3. 지나친 경쟁심 결과, 점차 사라지고 있다

신라와 백제 간 대립, 삼국 통일 후 백제의 호남 차별, 조선조 정여립 사건 등 호남 견제를 영·호남 갈등 원인으로 보는 주장은 역사 오류 또는 잘못된 가설을 견강부회[18]하려는 견해가 일반적이다.

역사의 사례를 볼 때, 영·호남은 소백산맥의 험준한 지형, 사투리(방언) 등 생활 풍습의 차이가 있지만, 경기/충청 등 여타 지역보다 두터운 존중과 협력, 활발한 교류관계를 유지했다. 삼국시대에는 군사 동맹, 과학 기술, 조선시대에는 학문 교류, 국난 극복, 구한말 및 일제강점기에는 항일전선 구축, 근현대사에서는 경제, 문화체육 등을 통해 교류했다.

1970년 이후, 중앙정치에 의한 兩 지역 간 갈등이 크게 부각하였다. 그러나 최근 젊은 층들의 중심으로 이러한 갈등은 크게 희석되고 있다. 앞으로는 정보화, 고속시대 등 활동 공간 수렴으로 점차 사라질 것으로 예상한다.

---

18) 김호성(서울교대), 2001, 『지역 갈등의 현황과 원인분석』

제3부

___

국가 발전론, 대한민국 산업 정책의 길

제1장 덫에 채여 있는 코리아산업, 탈출 방법

1. 신 리스크에 시달리는 코리아

우리나라는 현재 성장정체, 중·일 협공, 新 리스크 등 삼중고에 시달리고 있다(이치호 외, 2013). 성장정체는 세계 경제의 저성장이 가장 큰 원인이다. 한국 주요전략 산업의 성장세가 둔화되고 지속적으로 정체가 이어지고 있다. 일본은 엔화 약세로 경쟁력을 회복하여 대규모 투자와 중국은 기술발전을 발판으로 양국의 협공에도 위협을 받고 있다.

그리고 차별화되는 하드웨어 개발에 대한 어려움과 차세대 먹거리 산업 발굴의 불확실성 등으로 이전에 겪지 못한 새로운 리스크에 직면해있다. 최근 수출 감소세로 먹구름이 드리운 우리 경제를 견인하는 산업별 이슈를 제시해보면 먼저, 국내 휴대폰 산업은 성장률이 감소하고 중국의 중저가 휴대폰의 물량 공세에 위협받을 것이다. 이미 중국 휴대폰 화웨이는 세계 3위에 부상하여 우리를 강하게 압박하고 있다.

세계 스마트폰의 출하량은 연평균 40% 이상이 증가하는 반면, 시장의 성장률은 떨어지고 있다(신창목, 2012). 그러므로 신흥국의 중저가 물량 공세는 결국 휴대폰의 전체 가격을 하락시킬 것이다. 또한, 노키아나 모토로라 등 기존 선도 업체의 회생 움직임과 레노버, 화웨이 등 중국 업체의 강력한 경쟁자로 부상하고 있다.

TV·디스플레이 산업은 중·일과의 양적, 질적 경쟁이 심화되고 있다. 유럽 위기, 일본 대지진, 중국경제 성장률의 하락 등의 이유로 TV 판매가 감소하고 있는 가운데, 신흥국의 업체는 급속한 성장을 하며 맹추격하고 있다.

또한, 차세대 디스플레이 제품(UHD, OLED)이 상용화되어 프리미엄 시장을 형성하는 가운데, 한국 업체와 중국 업체 간 주도권의 다툼이 심화 할 형국에 있다(이치호 외, 2013).

2. 딜레마에 빠져있는 한국 산업

반도체 산업의 경우는 여전히 한국이 우세하지만, 기존의 업체들의 공세도 만만치 않을 것으로 예상한다. 4강(인텔, 삼성전자, 퀄컴, TSMC)이 AP, 파운드리, 미세 분야에서 대등하게 경쟁할 가능성이 크다. AP(Application processor)는 스마트폰·디지털 TV 등에 사용되는 비메모리 반도체로 일반 컴퓨터의 중앙처리장치(CPU)와 같은 역할을 한다. 파운드리는 제조설비를 보유하고 있지 않은 업체의 요구로 반도체 칩을 제조하는 기업을 말한다 (이치호 외, 2013).

자동차 산업은 저성장 속의 노동자들의 잦은 파업 등으로 국제 시장에서 경쟁력이 약해진 상황이다. 한동안 우리 경제가 저성장이 지속되는 가운데, 아세안, 중남미, 아프리카 등 포스트 브릭스 시장에서 시장 쟁탈전, 자국 업체보호 강화 등의 장애물을 넘어야 하는 치밀한 계획을 수립해서 대응해나가야 한다.

조선 산업은 현재 고전을 면치 못하고 있다[19]. 선박 보유량[20]의 과잉으로 침체가 계속되고 중국과 일본 등 경쟁국은 정부 지원을 등에 업고 우리 시장을 크게 위협하고 있다. 우리는 비용 절감과 기술력을 높여서 현재의 불황을 극복하려는 방안을 모색하여야 한다.

석유화학 산업은 30달러 안팎의 석유값 하락 및 신흥국의 기술력 강화로 어려움이 예상된다. 또한, 인도 및 중국 기업들은 생산설비를 증설하여 점진적으로 동남아, 중동, 아프리카 등지의 시장 지배력을 높여 나가고 있다. 특히, 셰일가스, 석탄, 타이트 오일[21] 자원을 확보한 미국은 석유 화학 산업 강국으로의 부상을 꿈꾸고 있다.

3. 제품의 질로 승부

현재 직면하고 있는 우리 산업의 활성화를 위해서는 다양한 자구책이 필요하다. 먼저 휴대폰의 경우, 소프트웨어 및 소재 혁신, 디자인, 콘텐츠 강화 등 새로운 차별화 전략이 필요하다. TV·디스플레이 분야는 접는 모니터 개발 등 차세대 기술의 상용화를 추진해야 한다. 반도체 분야는 미

---

19) 올해 대우조선이 5조 2천 950여억 원, 현대중공업이 1조 1천 450여억 원, 삼성중공업이 1조 4천 40여억 원의 올해 영업 손실이 예상된다고 했다. 2014년에는 현대중공업이 조선 빅3 중 사상 처음으로 조원 단위의 적자를 기록한 적은 있으나 빅3가 모두 조원 대 손실을 낸 것은 국내 조선업이 생긴 이래 처음이다. 협력사까지 포함해 수십만 명이 선박 건조에 투입됐으나 막대한 손실만 냈다는 의미다. "올해 조선 빅3가 모두 함께 조 원대 적자를 낼 것으로 보인다." 라면서 "이는 조선업계 종사자들로서는 단 한 번도 생각해보지 못했던 대참사다."라고 했다.(2015.10.28. 연합신문)

20) 해상 운송 시장에서 해운 용역의 공급량을 나타내는 지표

21) 타이트 오일은 셰일 가스층에 존재하는 석유자원으로, 240억 배럴 이상 매장량을 보유한 미국은 이를 적극적으로 개발할 것으로 예측된다.

세 공정, 복합 칩, 거래 다변화, 메모리와 시스템 반도체를 융합한 복합 솔루션의 실용화가 필요하다.

또한, 자동차 분야는 디자인과 IT 기술과 융합으로 안전하고 편리한 기술개발을 선도해나간다. 조선 분야는 비용절감 및 기술 개발 등에 신속한 대응이 필요하다. 그리고 석유화학은 동남아, 아프리카, 남미, 중앙아시아 등의 신시장 개척과 함께 부가가치를 극대화해나간다.

정부는 산업지원 기반을 강화하고 지속적인 혁신을 위한 규제 개혁을 한다. 또한, R&D 투자 확대와 함께 국내 시설 투자에 대한 세제, 경영, 기술 자금 지원 등을 기업의 가치를 높이도록 한다. 그리고 수출기업의 성장을 위해 시시각각으로 변화하는 환율에 적극 대응하기 위한 제도적인 장치를 마련하고 상품의 질 혁신과 고객서비스를 위해 다양한 세제지원 등 다양한 인센티브 지원대책을 수립해 추진한다.

4. 세계시장 변화에 대응한 종합대책 추진

결론적으로 한국 경제 성장을 견인해 온 휴대폰, 반도체, 자동차, 조선을 한국 경제 성장을 견인하는 뿌리의 산업으로 지정하고 세계시장 변화를 직시하여, 기존의 추진정책을 원점에서 재점검해 그 중 시대와 동떨어진 것을 과감히 도태시킨다. 지방차원의 혁신지원시스템 개발, 기업활동 안정화 등 적절한 지원대책을 마련한다. 또한, 세계시장 확대를 통해 양질의 일자리 제공하고 지역 발전을 도모한다.

제2장 미래 혁신을 불러올 오감(五感) 인식 기술

1. 급속히 퍼져나가는 인식 기술

　　미국 IBM은 5년 이내에 인간의 오감을 갖춘 컴퓨터가 등장할 것이라는 흥미로운 전망을 내놓았다. 보고, 듣고, 맛보고, 냄새 맡고, 만져서 인지할 수 있는 컴퓨터가 등장한다는 것이다. 이런 전망이 제기될 정도로 오감 기술은 갈수록 진화하고 있다[22].

　　오감인식 기술의 핵심은 센서 기술이다[23]. 센서 기술은 기존 센서에 제어, 판단, 저장, 통신 등의 기능이 결합하면서 스마트 센서로 진화한다[24]. 이 중에서도 사람의 표정과 음성에서 기분 상태를 파악하는 등 인간의 감각을 모방한 오감인식 기술이 활발히 연구되고 있다.

　　시각과 청각 관련 연구는 이미 많이 진행되었고 최근에는 촉각, 후각, 미각과 관련된 연구가 진행되고 있다. 실제로 미국은 2000년 오감인식 기술 관련 특허등록 건수 중에서 5.9%에 머물던 촉각, 후각, 미각 관련 특허의 비중이 2012년에는 12.8%로 급격히 증가했다(이치호, 2013). 이런 오감인식 기술의 발전으로 인해 미래에는 컴퓨터가 맥락을 인식해 인간의 의도를 미리 파악하는 디지털 육감의 시대가 될 것[25]이라고 한다.

---

22) 한국 아이디지,「2017년, 컴퓨터가 오감을 느낀다: IBM 연례 기술 전망」, 2012.12.18.

23) http://blog.naver.com/no1marketer/120186503562

24) 곽준식, 2013.3.29.「오감인식 기술의 발전 방향」(3분 라디오MBA)

25) 한경비즈니스,「인간의 오감을 갖춘 컴퓨터가 나오면… IBM, 5년 내 '비서 로봇' 현실화 전망」, 2012.12.28.

2. 오감인식 기술이 불러올 혁신과 미래

먼저 후각측면에서 컴퓨터가 냄새를 감지하게 될 것이다. 예를 들어, 컴퓨터나 휴대전화에 내장된 센서가 입김을 통해 풍기는 냄새를 감지해 감기에 걸렸다는 것을 미리 파악하거나, 입김의 정보를 의사에게 보내 검진할 수도 있을 것이다[26]. 또한, 매장에서 식료품 냄새를 폰으로 인식해 음식이 상했는지 알아낼 수도 있게 된다. 후각 수용체를 이용하는 바이오 센서는 건강 체크, 마약 소지, 독극물 테러 감지 등을 할 수 있다.

청각은 휴대폰 음성인식 기술처럼 이미 사용되고 있다. 그리고 앞으로는 아기 울음소리를 통해 아기가 원하는 것을 파악하거나, 주위의 소리를 듣고 자연재해가 발생할지를 예상하는 정도까지 소리를 번역하는 기술이 발전할 것이다. 사투리 인지 등 사람과 자연스러운 대화 인지가 가능한 기술이 개발되고 있다. 로봇 기술과 음성 인식 기술이 대중화되어 우리 사회에 곧 출현할 것이다.

미각에서는 음식의 화학 구조와 관련된 데이터베이스를 통해 사람들의 입맛을 만족하게 하면서 건강에도 좋은 조리법을 컴퓨터가 개발하고 사람처럼 냄새를 맡거나 맛을 느끼는 센서 기술이 실현되어 세계인의 기호에 맞는 다양한 식료품을 개발할 수 있을 것이다.

촉각 측면에서의 기술진보는 조금 특별하다. 실제 사물의 질감을 모방해 원거리에서 질감 데이터를 쉽게 표현하여, 온라인으로 셔츠를 주문할 때도 스마트폰으로 섬유의 질을 느낄 수 있게 될 정도가 기술이 발달할 것이다. 또한, 근육의 움직임으로 손동작이나 신체의 움직임도 전달케 할 것이

---

26) 한경비즈니스, 「인간의 오감을 갖춘 컴퓨터가 나오면… IBM, 5년 내 '비서 로봇' 현실화 전망」, 2012.12.28.

다(이치호 외, 2013). 사용자의 팔목에 착용 밴드를 이용해 착용자들은 손동작만으로 컴퓨터나 휴대폰을 조작하게 될 것이다.

그리고 사람의 손가락처럼 부드럽고 신축성 있는 소재의 내부에 액체 충전재를 채운, 사람의 것과 비슷한 촉각 센서로 기능하는 인공 손이 만들어질 것이다. 이는 전극과 신경을 연결하여 사용자가 손의 감촉을 느끼며 원하는 대로 자유자재로 움직일 것이다.

마지막으로 시각 분야이다. 이는 자연재해가 발생했을 시에 컴퓨터로 전송된 사진을 보고 사진 속에 있는 사람의 신상과 처한 상황을 판단하거나, 병원에서 찍은 CT나 X레이, 초음파 등을 컴퓨터가 훨씬 정확하게 판독하는 것에 이용될 것이다.

이처럼 기술은 사람과 교감을 통해 인간의 의도를 미리 파악하는 맥락인식(Context awareness), 즉 디지털 육감 시대도 실현되고 있다. 오감인식 기술이 불러오는 새로운 상품들이 시장으로 대거 진출함에 따라 이에 대한 대응이 필요하다.

3. 융·복합화 통한 신기술 개척

오감인식 기술을 확보하기 위해서는 우선 기초과학에 투자하고 연구해야 한다(이치호 외, 2013). 특히, 미래 먹거리로시 유망한 분야에 '선택과 집중'을 통해 육성해야 한다. 센서 기술은 반도체 기술을 비롯하여 기초소재 분야로 확대 투자가 필요하다. 그리고 오감인식 기술과 연관 기술과의 연계를 통한 신기술 개척이 요구된다.

즉, 인공지능, 빅 데이터, 디스플레이 등 최신 기술과의 접목, 새로운 혁신을 일으킬 오감 기술의 개발 노력과 함께 이에 대한 지속적인 관심이 필요하다. 또한, 뇌파를 인식하여 생각만으로 입력할 수 있는 뇌-기계 인터페이스 기술도 고려해볼 만하다.

그 외에도 공학과 예술학, 인문학, 생물학 등 다양한 분야 간의 융·복합을 통해 수요 지향적인 오감 기술 개발을 추진한다. 이는 인간의 감성처럼 친근하게 교감하면서 소통하고 이해와 정감이 흐르는 방향으로 추진한다.

4. 유망기업 발굴, 집중 투자

오감인식 기술은 IT 기계, 인간의 감성과 결합하면서 의료, 재난 및 화재, 방범 등 전 세계의 다양한 분야에서 신성장 동력 산업으로 크게 부상하고 있다.

일본 후쿠시마 핵발전소 폭발 사고의 결정적인 원인은 핵 원료가 미세하게 새는데도 기술자가 재빨리 진입하지 못해 초기 대응에 실패했던 것이다. 앞으로 오감 기술인식이 로봇이나 지문 인식기에 도입되면 이러한 사고를 사전에 막을 수 있을 것이다.

이런 측면에서 정부는 기계와 인간이 교감하는 오감인식 기술 분야에 집중적으로 투자해야 할 것이다. 아울러 기존 전통 산업을 대체할 클러스터 조성, 지역 대학과의 협력을 통해 오감인식 기능센서 개발, 유망 벤처 및 중소기업 발굴 지원을 하도록 해야 한다.

제3장 한류 열풍의 성공 요인과 코리아 국격

1. 세계 문화의 변방에서 중심지로 가치 부여

최근 중국 최대 디지털 음원 사이트 '바이두 뮤직'의 실시간 차트에 한국 힙합 가수 '개리'의 신곡이 1위에 올랐다[27]. 한국 차트에서도 1위를 못한 개리가 중국에서 1위를 할 수 있었던 건 그가 출연하는 예능 프로「런닝맨」덕분이다. 지난 달엔 중국 각지에서 열린「런닝맨」팬 미팅 투어를 위해 중국 전용기가 동원됐다. 드라마·가요 중심이던 한류가 예능과 웹툰, 웹 드라마까지 다양해지며 동력을 이어가고 있다.

아시아에 머물던 열풍도 유럽, 아메리카, 아프리카 대륙까지 확대되고 있다. 빅뱅·슈퍼주니어는 북미나 유럽 등에서 관객 수만 명을 모은다. 팬들이 동경하는 스타를 따라 한국을 찾고, 한국 화장품과 음식을 소비하면서 제 3 한류의 발판을 다졌다.

이와 같이 한류의 주역으로 등장한 K팝에 세계의 젊은 층이 열광하고 있다. K팝 열풍은 직접적인 경제적인 부가가치의 창출할 뿐 만 아니라 국격을 높인다는 점에서 큰 자산으로 평가된다. 현재 新 한류의 경제적인 파급효과는 4조 9,824억 원[28]으로 추정된다.

K팝 열풍은 일본에 진출하여 성공을 거둔 보아에 이어 씨스타 등 한국 아이돌 그룹에 의해 활발히 이루어졌다. 그래서 K팝은 한국 음악을 총체적으로 지칭하는 것보다 주로 한국의 아이돌 가수, 그룹이 부르는 댄스 음

---

27) 조선일보(2016.2.6.),「['코리안 쿨' 제3 한류 뜬다] 넓어지고 다양해지는 韓流」

28) 한국문화산업교류재단,「한류의 경제적 파급효과 4조 9,824억 원 달해」, 2011. 12.

악으로 정의한다. 아이돌(Idol)은 아이들로 본래 우상(偶像)을 뜻하는 영어로, 어원은 그리스어 ιδειν다. 이후에 ειδο에서 Idola로 변하고 최종적으로 Idol이 되었다. 즉, 우상의 존재나 인기가 있는 사람을 의미한다. 청소년층의 인기인은 'Teen idol'로서 십 대들의 우상을 말한다.

2000년대 초, 한류 열풍이 일기 시작할 때 국내 많은 학자들은 반짝 인기로 그칠 것으로 내다봤다(조선일보, 2016. 2. 6). 로맨스 일색의 드라마나 아이돌 위주의 K팝은 '2류'라고 비난했다. 그러나 한류는 지속되고 있고 매년 성장세에 있다.

한편, 2011년 세계적인 팝 음악 차트인 미국의 빌보드 차트가 K팝 차트를 신설했다(http://cafe.naver.com/hyuwin/342). K팝 한류가 아시아를 넘어 유럽, 남미를 거쳐 미국시장을 겨냥하기 시작한 것과 때를 맞춰 일어난 획기적인 사건이라고 보인다. 1884년 창간된 빌보드지는 1950년 중반부터 대중음악의 인기순위를 집계하는 빌보드 차트를 발표해오고 있다. 독보적인 전통과 세계 팝 음악의 흐름을 가늠자로도 인식됐다. 현재 빌보드는 미국, 일본, 호주, 독일, 영국, 프랑스 등 20여 개국의 현지 음악 차트를 발표하고 있다. 아시아 음악 차트를 만든 것인 일본이 이어 두 번째이다. 빌보드 차트는 첫 회 1위는 걸그룹 씨스타의「쏘쿨」이 차지했다. 효린과 보라, 소유, 다솜 등 4인조 댄스 그룹 씨스타는 자매처럼 친근한 이미지로 한국 가요계에 큰 별이 되겠다는 각오로 씨스터(Sister)와 스타(star)의 합성어를 그룹명 하여 K팝을 대표하는 걸그룹 중 하나이다.

또한, 온라인상에서도 한국 아이돌 그룹의 동영상과 노래를 검색하고 공유하는 빈도가 기하급수적으로 증가하였다. 싸이는「대디」,「강남 스타일」,「젠틀맨」,「행오버」 등 유튜브 뮤직비디오의 전체 조회 수를 수십억 단위로 돌파하는 국제 가수로서 활동하고 있다. 2015년, 구글을 통한 K팝 검색 횟수는 2005년에 비해 20배가 증가하였다. 반면, 일본은 이 기간에 1/3이 감소하는 등 우리와 확연하게 다른 노선을 걷고 있다. 이처럼 세계 음악의 변방에서 언어와 문화의 절벽을 극복하여 제2의 한류 열풍을 주도하고 있는 K팝의 성공 요인을 분석하고 정책적인 대안을 제시하고자 한다.

2. 문화적 가치를 내재한 글로벌에 비주얼 반영

K팝의 성공 요인은 인재 선발과 육성, 마케팅, 수요자에 공급 판매로 이어진다. 이를 단계별[29] 체계적으로 기획하고 그것을 한 치의 오차도 없이 실행한 것이다. 먼저, 1단계로 인재 선발과 육성이다. 인재를 선발하고 육성하는 기획사는 정성을 기울이는 것은 나이가 비교적 어리고 소질이 있고 능력이 뛰어난 사람들의 캐스팅이다. 여기에서 성패를 가늠할 수 있기 때문에 엄청난 공을 들인다. 공식 오디션이나 전문가의 추천 등 다양한 채널을 통해 인재를 골라 낸다. 좋은 재원을 발굴하면 반은 성공이라는 인식으로 연습생을 선발한다. 발굴한 인재를 체계적으로 계획적인 교육과 훈련을 통해 육성한다.

K팝 중심엔 아이돌 댄스 음악이 있다. 주로 외모와 재능을 갖춘 10대 연습생을 뽑아 3~5년간 훈련시켜 완벽한 군무(群舞)와 노래를 소화하는 가수로 길러낸다. 역량은 최고의 경쟁력이 있기 때문에 검증된 발성, 안무, 춤 등 최고 전문가로 구성된 전담팀이 노래뿐만 아니라 몸짓, 표정, 발음 등을 개인 교습형 과외교육을 한다. 특히, 노래·안무·비주얼 짜임새 있게 완벽하

---

29) http://www.reportworld.co.kr/report/view.html?no=1201809&pr=recom&kwd
   레포트월드, 「[k-pop과 우리나라] K-POP이 우리나라에 미치는 긍정적 효과 중심으로」

게 한다. 이로 인해 K팝 아이돌은 가창력과 예술적인 안무, 비주얼을 결합한 예술성을 전 세계 고객들을 매혹한다.

2단계는 마케팅이다. 트위터, 웨이보 같은 SNS를 적극 활용하고 스마트폰 앱을 동원해 마케팅을 하는 노하우도 한국 연예 기획사들의 강점이다. 전 세계 어디서나 스타들이 '1인 방송'을 하는 것을 볼 수 있는 'V 앱'이나 아이돌을 주연으로 내세운 웹 드라마를 제작해 유튜브 등을 통해 무료로 유통하는 것이 대표 사례다. 세계 어디서나 K팝 동호회가 자랄 수 있는 토대다(조선일보, 2016.2.15. 보도자료). K팝의 주 소비자층은 소셜 미디어와 IT 기기에 익숙한 10~20대 젊은 층이다. 그들은 단순히 듣고 수용하는 데 그치지 않고 노래와 춤으로 직접 여흥하면서 즐긴다. 뉴욕 한 시내에서 대형 스크린에 한국 아이돌 그룹 '샤이니'의 「링딩동」이란 글자가 떠오른다(조선일보, 2016.2.6.). 이를 보면 젊은 백인 남자가 벌떡 일어나 마이크를 잡고 빠른 곡조의 노랫말을 이어간다. 친구 20여 명이 소주 칵테일을 마시며 따라 부른다. 2015년 11월 중순, 미국 뉴욕 32번가에 위치한 한인 타운 노래방에는 한국인들 이외에 '뉴욕에서 좀 논다' 하는 젊은이들의 '필수 코스'라고 한다. 24시간 문이 열려 있어 세계의 많은 젊은 층이 스트레스를 받으면 그곳으로 찾아온다고 한다. 또한, 별도의 프로모션이나 현지의 진출이 없었던 유럽과 아프리카, 동남아의 지구촌 모든 국가에서도 K팝 팬들은 자생적으로 온라인 팬클럽을 결성하여 의견을 상호 교환한다. 전 세계 자생한 한류 동호회는 현재 124개국 총 1,493개에 회원 수는 3,559만 명(조선일보, 2016.2.6.)에 이른다.

3단계, 제작된 콘텐츠를 수요자에게 공급하는 것인데 이는 전 세계인이 실시간으로 이용할 수 있도록 소셜 미디어를 활용하여 동시 다발적으로 전달한다. 전 세계에 K팝을 짧은 시간에 전파해서 성공적으로 이끄는 매개 고리 역할을 한다. 유튜브와 SNS 등은 K팝 팬들을 자연스럽게 확보하면서 그들 상호 간의 결속력을 갖게 한다. 유튜브와 SNS가 전 세계에 K팝을 수용을 하고 전파할 수 있는 고속도로를 만들기 때문이다[30]. 2013년 쿠바를 방문한 배우 윤상현을 보려고 1,000명 넘는 인파가 몰리면서 공항이 일시 마비됐다. 2015년 페루 리마에서 열린 한류 콘서트엔 4,000여 명이 몰렸다. 싸이의 「강남스타일」도 유튜브와 SNS를 통해 미국 빌보드 차트 1위까지 올랐다. 이와 같이 유튜브의 파급력이 증대되면서 음악 못지않게 화려하고 세련된 뮤직비디오를 제작하는 데도 심혈을 기울인다.

3. 기본기에 바탕, 장기적인 관점에 대응

세계를 상대로 K팝이 성공하기 위해서는 처음부터 글로벌 시장을 염두에 두고 콘텐츠를 기획하고 유통망, 운영시스템을 디자인해야 한다. 세계 어느 곳에서 공감하고 유대감을 가질 수 있는 국적을 넘어선 다국적 연습생을 선발하고 독창적인 음원과 춤을 제작한다. 또한, 순수성, 곡신, 발랄함 등 새로운 한국적인 가치를 찾아 세련되게 표현함으로써 글로벌 시장에 통하는 상품으로 완성해야 한다.

또한, 한국 가치와 문화를 재창조·재해석하여 글로벌 브랜드 가치를 높이기 위해 과감한 투자가 필요하다. K팝 열풍을 주도한 기획사들은 더욱 체계적이고 계획적인 로드맵을 마련하고 연습생과 소속가수의 특성에 따른 능력을 극대화 시켜야 한다. 고객자의 접근성을 높이고 실력을 키우는 방향으로 투자를 지속해야 한다.

---

30) 조선일보(2016.2.6.), 「['코리안 쿨' 제3 한류 뜬다] [1] 해외 학자들이 본 '韓流 지속' 비결」

K팝 가수들은 단순히 외모나 훈련, 마케팅뿐만 아니라 음악, 안무, 작곡, 외국어 등 다양한 기본기를 수년간 축적한 결과로 세계인에게 인정받고 있기 때문이다.

4. 한류 산업화에 접목 연결

한국문화산업교류재단(KOFICE)의 「2015 해외 한류 실태조사 보고서」(14개국 6,500명 조사)에 따르면, 한류를 경험한 외국인들은 한국을 경제 선진국(67.8% 복수 응답)→ 문화 강국(60.8%)→ 호감 가는 국가(54.9%) 순으로 인식했다(조선일보, 2016.2.6.). 한국 하면 가장 먼저 떠오르는 이미지는 K팝(20.1%)→ IT·자동차 산업(13.5%)→ 한식(12.1%)→ 북핵·한국전쟁(9.8%)→ 드라마(9.5%) 순으로 응답했다.

자동차는 미국서 만들었지만 이젠 한국이 더 좋은 자동차를 만들 수 있는 것처럼 아이돌 음악도 미국에서 먼저 시작했지만 한국이 완성했다(조선일보, 2016.2.15.). 2015년 10월 미국 뉴욕타임스는 '빅뱅'의 북미 투어 콘서트 리뷰에서 '압도적인 공연(Overwhelming K-pop carnival)'이었다며 K팝을 이렇게 평했다. K팝 중심엔 아이돌 댄스 음악이 있다. K팝의 특징은 곧 '멋지다(cool)'는 이미지로 이어진다. 한류 실태 조사로는 K팝을 듣는 이유로 '가수들의 뛰어난 댄스와 퍼포먼스', '가수들의 매력적인 외모'란 응답이 1, 2위였다(조선일보, 2016.2.15).

지난해 세계 경기 침체에도 문화 콘텐츠 수출이 성장세를 유지한 것은 희망적인 징조다. 2015년 우리나라 총 수출액은 전년 대비 7.9% 하락했지만, 문화 콘텐츠 수출액은 오히려 8.8% 증가했다. 2010년 이후 증가세가 단한 번도 꺾이지 않았다.

이와 같이 호조세에 있는 한류를 산업화하기 위해서는 무엇보다도 K팝에 대한 범위를 확장하는 것이 필요하다. 첫째, K팝을 관광 산업으로 발전시키는 작업이 필요하다. 이를 위해 K팝 콘텐츠 관광, 쇼핑과 연계된 맞춤형 공연 관광 상품 등을 기획한다. 한류 관광객을 대상으로 공연장이나 촬영장 투어, 팬 미팅 참여 등을 여행업을 연계한 상품도 고려해봄 직하다. 이는 한류를 통해서 한국을 찾은 관광객이 주로 선호하는 아이템을 상품화한 것들이다(경상북도, 2013~2015).

다음으로는 K팝 문화가 밀접한 클러스터를 조성하여 관광 자원화하는 것이다. K팝 문화가 녹아 있는 곳을 랜드마크로 조성하고 한류 관광객이 즐겨찾는 명동, 강남 등에 전용 공간을 조성한다. 셋째, K팝 팬층을 新 시장으로 유인하는 전략이다. 이는 K팝 팬층을 한국이라는 신흥시장으로 끌어들이는 전략이 필요하다. 홍콩, 상하이, 동경, 파리, 런던 등 주요 도시의 대형 전광판에 한류 미디어를 광고하는 등 시장의 특성을 고려한 차별적인 홍보가 그 방법이라 하겠다.

제4장 안티에이징,
저녁 노을을 젊은 태양으로 만들기

1. 의료 기술의 혁신을 가져올 안티에이징

의료 및 의약의 혁신으로 안티에이징이 크게 부상하고 있다. 안티에이징(Anti-Aging)은 '노화 방지' 또는 '항노화'의 뜻을 갖는 용어로 넓게는 노화방지용 화장품이라는 의미로도 사용된다(한경 경제용어사전). 우리 일상생활 관련하여 안티에이징은 노화를 늦추거나 노화 증상을 완화하는 예방이나 관리를 하는 것이라고 말할 수 있다.

노화 자체만으로는 활동하는 데 우리의 몸에 별다른 악영향을 미치지 않는다는 것이다. 실제로 85세 이상의 고령의 노인 중에서 생활에 불편을 받는 사람은 3분에 1 정도에 불과하다는 것이다(박상철, 2009). 일본, 스웨덴, 핀란드, 미국뿐만 아니라 우리나라도 100세가 넘었음에도 신체적, 정신적으로 독립적인 생활이 가능한 초 장수인들이 급증하고 있다.

이와 같이 수명 연장으로 노령층과 중장년층을 중심으로 안티에이징 수요가 폭발적으로 증대되고 있다. 외부가 곧 능력이라는 사회 인식으로 통용되면서 이에 대한 관심이 더욱 증폭되었다. 안티에이징은 새로운 신성장 동력으로 주목을 받고 있다. 특히, 안티에이징과 관련된 실버산업은 2010년 33조 원으로 연평균 14.2%씩 성장해 2020년에 125조 원 규모[31]로 성장이 예상되고 여기에는 안티에이징 분야가 많은 비중을 차지한다.

주요 고객인 노년층과 중장년층들은 경기불황에도 강한 소비지출을 하

---

31) 보건복지부, 2011, 「고령 친화 산업 실태 조사 및 산업 분석」

는 면모가 뚜렷하다. 그리고 경제 성장의 단계별로 안티에이징의 수요 변화가 특성있게 나타나고 있다. 가령 한 예로 아모레퍼시픽의 화장품 한 품목의 가격이 10만원이나 하는데도 불티나게 팔린다. 이 회사는 안티에이징 산업을 통해 주가가 주당 400만원에 육박하는 세계 최우량 기업으로 성장했다.

산업기술의 융·복합화, IT를 활용한 안티에이징으로의 기술접목, 바이오·의료기술 혁신(김정근, 2012)이다. 노화는 다양한 경로를 통해 일어나기 때문에 단일기술보다 의학, 화학, 생물학, 생체학 등 복합 기술이 효능에서 유리하다. IT기술은 안티에이징 산업에서 새로운 비즈니스 모델로 창출된다. 개인생체 신호측정 기기, 생활습관 컨설팅, 스마트 폰과 연계한 뷰티 앱의 설치운영, 피부관리 컨설팅 등이 출시가 됐었고 시장을 지배하고 있다(강찬구 외, 2013).

그리고 줄기세포, 장수 유전자, 뇌 과학 등 바이오, 의료 기술의 혁신이 안티에이징 산업에 전반적으로 융화되고 있다. 또한, 한방보약, 황토, 한방화장품, 요가, 약초학, 침 시술 등 전통적인 요법도 건강 유지와 노화 예방에 활용되고 있다.

2. 급격하게 부상한 안티에이징, 의료 분야가 핵심

안티에이징의 관련 산업동향을 살펴보면, 보톡스, 레이저, 박피수술 등 피부노화 증상을 치료하는 횟수가 급증하고 있다. 최근에는 피부과, 성형외과 분야가 중국, 일본, 러시아의 상대로 의료관광이 크게 증대되고 있다. 서울 강남구 일대는 피부 및 성형외과가 집중적으로 입지되어 있어 K

팝에 이어 새로운 한류 뷰티열풍의 중심지가 있다. 안티에이징과 관련된 여드름, 주름 및 흉터 제거치료 약품, 마사지 기기 등 파생산업도 등달아 성장세를 하고 있다.

또한, 경기불황에도 화장품은 필수소비재로 폭발적인 성장세를 유지 하고 있다. 아기 같은 피부를 꿈꾸는 여성들은 오늘도 30만~40만 원대 에 달하는 안티에이징 화장품을 구매하고, 고가의 피부 시술을 받는다. 높은 가격에도 불구하고 없어서 못 판다는 안티 화장품들이다(동아일보, 2014.12.8.). 주로 주름, 기미, 잡티를 잡아줄 수 있는 화장품이 시장을 주도 한다. 최근에는 여드름 치료, 튼 살 및 아토피 완화, 피부세포, 피부 재건 등 치료영역까지 화장품의 효능 범위가 확대되었다.

마사지 등 미용 서비스는 영세한 규모임에도 연 10%씩 증가하고 있으면 관련 업체는 2014년 현재 1만 3천여 개가 입지해 있고 150여개 대학에서 6 천여 명의 피부 미용학 전공 인력을 배출한다(강찬구 외, 2013). 최근에는 휴 식, 스트레스 관리와 피부 미용 효과를 겸비한 찜질, 스파 산업이 유행이 다. 미용서비스는 신성장 동력산업으로 자리 매김하고 있다. 스파는 마사 지나 물의 열을 이용하여 피부를 관리하고 스트레스를 해소할 수 있는 시 설 공간을 칭한다. 한편, 스파 산업은 피로회복 차원을 넘어 의학적인 효 과까지 인정받으며 대체요법으로 발전하고 있다. 특히, 미용서비스 산업은 의료, 레저쇼핑, 관광 등 관련 산업과 융·복합하며 다변화되고 있다(강찬구 외, 2013).

또한, 운동, 요가, 식생활 등 신체적·정신적인 행복을 동시에 지향하는 방 향으로 나아가고 있다. 피부는 제2의 뇌라고 불릴 정도로 뇌신경계와 밀 접한 관계가 있다. 안티에이징의 첫걸음은 식습관에서 시작된다(박상철, 2009). 나이가 들어가면서 이뤄지는 신체 변화에 따라 필요로 하는 영양분의 비중이 변화하고 후각, 미각, 소화 기능이 달라진다. 백세 장수인들은 이러한 자신의 신체 변화에 맞는 제철 음식물을 골고루 섭취한다. 그다음으로는 운동인데, 부지런히 움직임으로 인체 대사기능을 활성화되어 노화 현상을 늦춘다. 또한, 사람들과 행복하게 어울려 지냄으로 내일에 대한 환희와 기대감에 의해 새로운 젊음이 싹이 트게 된다.

3. 의료와 연계하여 집중 투자와 인프라 확충

안티에이징의 산업을 활성화하기 위해서 의료나 화장품 산업은 물론, 非 안티에이징 산업에서도 헬스와 뷰티를 접목하는 관점에서 새로운 비즈니스 기회를 모색해야 한다.

정부는 의료산업과 연계한 안티에이징 산업 기반을 구축해야 한다. 안티에이징 특구 지정, 안티에이징을 범국가적으로 연구할 수 있는 노화방지 의료시설을 설립한다. 그 외에도 R&D 지원, 클러스터 조성, 해외홍보 등을 통해 산업 선진화 추진도 필요하다.

또한, 국립 안티에이징 병원의 설립이 필요하다. 그리고 이를 현실적으로 유치하기 위해서 담당 중앙부처인 보건복지부의 산하 연구기관인 보건사회경제연구원에 병원 설립의 당위성 및 타당성을 연구용역을 추진토록 한다.

그 외에도 바이오, 한방 등을 피부 미용 및 노화 방지 등의 기능에 초점을 두고 운영하는 것으로 방향을 전환함과 아울러 해양 및 산림을 개발하고 관광 산업의 기본 방향도 안티에이징에 바탕에 두는 신규 사업을 모색할 필요가 있다. 이와 더불어 관광 및 리조트 시설에 웰빙, 힐링 개념을 도입하여 운영하고 관련 산업을 집중 육성한다. 아울러, 산악이나 바다, 강을 연계한 안티에이징 클러스터 조성이 필요하고 세계 안티에이징 명상단지를 조성하는 것도 검토할 만하다.

무엇보다 제 몸과 마음을 건강하게 지키기 위해 올바른 먹을거리의 섭취를 제대로 실천하는 것이다. 그리고 자신이 좋아하는 운동과 자신에 수준에 맞는 운동 강도와 조금 벅찰 정도의 운동을 한다. 또한, 다양한 사람들과 어울려 산행이나 체육 동호회 등 취미를 함께 공유하면서 함께 가치관을 공유하여 잘 지냄으로 보다 큰 행복감을 성취하는 것도 매우 중요하다.

제 5 장 베이비붐 세대·실버세대, 골드세대로 탄생

1. 베이비붐 시대 도래

'베이비붐 세대(Baby boomer)'는 통산 전후에 태어난 1955~1963년생을 말하며, 그에 보태어 연간 90만명 이상 출생한 1968~1974년생을 2차 베이비붐 세대(보건복지부, 2015)로 분류한다.

미국의 베이비붐 세대는 2차 세계대전 동안 떨어져 있던 부부들이 전쟁이 끝나자 재회해 미뤄졌던 결혼을 한 결과로 1946년~1965년 사이에 한꺼번에 출생한 사람들이다. 이들 인구는 미국 인구 중에 29%를 차지하는 미국 사회의 신 주류층(김정근 외, 2012)이다.

우리나라는 2014년 현재, 1차(만 49~57세)와 2차(만 38~44세) 베이비붐 세대가 전체인구의 각 15.1%와 13.1%를 차지하고 있다(보건복지부, 2015). 그리고 이들은 2020년부터 실버 계층으로 진입할 것으로 보인다. 베이비붐 세대는 고령층을 가난한 비주류에서 부유한 주류로 바꿀 세대이다(김정근 외, 2012). 소득 수준이 이전 세대 보다 우월한 상태에서 진입할 것이기 때문이다.

그들은 노후를 안정적으로 준비해서 자녀에게 의존하지 않고 보다 풍부한 부자로서 지위를 갖춘 능동적 소비의 주체로 활동할 것이다. 그래서 베이비붐 세대에 대한 대책은 다양한 분야의 경제 시장에서 새로운 흐름이 될 것으로 전망된다.

2. 똑똑하고 세련된 베이비붐 세대·실버 세대

그들은 육체적인 건강과 정신적인 건강을 동시에 챙기는 힐링 건강 프로그램의 이용에도 매우 적극적이다. 베이비붐 세대는 매년 건강 진단을 받고 골프, 수영, 탁구, 등산 등 다양한 질병 예방은 기본이고 활기찬 생활을 위해서라면 비용이 들더라도 투자를 주저하지 않는 것이 특징이다. 경제위기 상황에서도 전혀 심리적으로 위축 되지 않고 자존심과 관련된 투자는 아끼지 않는다.

또한, 그들은 부모님과 함께 살며 모시기도 하지만, 그렇지 못할 경우에도 원거리 효도로 나름대로 최선을 다하고 있다. 부모 봉양 의무를 당연시하면서 자신의 노후는 자식에게 기대하지 않는 것이 특징이다(경상북도, 2015). 실버 계층이 되어가는 베이비붐 세대의 자발적 독거 현상이 사회 전반에 확산 할수록 원거리에서 떨어져 사는 자녀들을 대상으로 한 '노인 돌봄 서비스'등 효 서비스의 수요가 크게 부상할 것이다(경상북도, 2015).

문화적으로도 베이비붐 세대는 소외층에서 주류층으로 부상했다. 학창시절을 떠올리게 하는 옛 신세대 문화를 다시 누리고자 하는 열망이 강하다. TV 프로그램도 이를 겨냥한 60 70 콘서트, 드라마, 토크 쇼를 제작 반영하여 큰 인기를 누리고 있는 프로도 많다. 그리고 그들은 야구, 축구, 탁구, 배구, 마라톤 등 역동적인 스포츠를 즐기고 참여한다.

베이비붐 세대는 기존의 실버 세대와 달리 강이나 산의 공터에 모여 장기를 두거나 막걸리를 먹고 유흥을 즐기지 않는다. 대신에 그들의 활동 무대를 지역 공동체로 활동 범위를 이동시켜 다양한 사회 봉사에 매우 적극적이다. 또한, 그들의 대부분은 인터넷, 스마트 폰, SNS 등을 자유자재로 활용하다. 이들은 신속하게 정보를 접하고 친구들과 이웃과의 스마트 IT

기술의 통신 교류로 유대감을 유지해 나간다.

3. 자존심을 살리는 서비스 위주 프로그램 마련

지난 반세기 동안 한국 경제 성장을 담당, 견인해 왔던 베이비붐 세대가 실버 계층으로 이동함으로 한국 복지산업에 일대 지각변동이 예상된다. 복지는 정부의 보조금에 의존한 일회성 소비재가 아니라 생산적 복지, 창조적인 복지의 경제순환 생태시스템으로 한국산업 경제에 커다란 축으로 자리매김할 준비를 하고 있다.

특히, 세계에서 가장 빨리 노령화가 진행되는 우리나라는 맑고 깨끗한 자연환경 등 베이비붐 세대를 유혹할 수 있는 다양한 자원을 가진 국가이다. 그러므로 고령화를 비즈니스의 기회로 활용하는 생산적·맞춤형 복지를 지향하고, 복지 코리아의 비전을 수립하는 등 체계적인 준비가 필요하다.

4. 건강, 뷰티 등에 관심을 두어야

이를 위해 먼저, 실버 의료산업 육성이다. 대사 증후군이나 비만 및 과도한 체중에 기인한 성인병, 관절퇴화, 치매 등 노인성 치료 의료산업을 육성시킨다. 이를 위해 노인 전용 클리닉 센터를 건립하여 다양한 운동과 치료 프로그램을 도입한다.

둘째, 아름다움과 신체적 건강을 유지하는 프로그램 개발이 필요하다.

베이비붐 세대는 아름다움과 젊음을 동시에 유지하고자 하는 욕구가 강하기 때문에 뷰티, 노화방지 클리닉 프로그램 개발 등 적실성 있는 정책도입 추진이 필요하다. 또한, 노화방지에 대한 안티에이징에 대한 수요에 부응하는 사업개발, 정신적·육체적 상처를 치료하는 웰니스 산업 육성도 필요하다. 노화방지 시장은 참고로 연 11.1%의 성장세를 유지하고 있다(강찬구 외, 2013).

셋째, 인정 넘치는 가족형 서비스가 필요하다. 혼자 사는 노인들의 가정에 직접 찾아가서 집 안 청소, 집수리, 병원동행, 심부름, 쇼핑 등 다양한 재가 서비스를 이루는 것도 필요(경상북도, 2015).

넷째, 힐링 프로그램의 개발이다. 이제는 정신 건강의 중요성이 새로운 사회 현상으로 나타나고 있다. 그래서 정신 건강을 강화할 수 있도록 미술, 서예, 노래 교실과 같은 다양한 프로그램 개발이 필요하다(경상북도, 2015).

다섯째, 실버 인재 은행을 설립한다. 은퇴자의 경험이나 지식을 지역 사회의 현안을 해결하는 데 활용한다. 자연 보호, 산불 방지, 재활용 등과 관련된 일을 알선하는 실버 인재 은행을 설립·운영한다.

제6장 문화 대국론과 문화 융성

1. 문화 융성은 신성장 엔진

1993년 스필버그에 의해 제작된 영화 「쥬라기 공원」은 세계 경제 흐름에 큰 화제를 몰고 왔다. 그 수익금은 쏘나타급 현대자동차 150만대 수출 분량과 같은 8억 5천만 불의 수익 효과이다. 우리 인류사의 커다란 트렌드인 21세기 문화 시대를 예고한 실증 사례이다. 당시, 미국은 1970년대 자동차 제조업 호황의 덫에 빠져 2만 불의 국민소득에서 성장하지 못했다. 경제가 한 치도 진전하지 못한 채로 경제 불황의 늪에서 허우적거리던, 그런 시기였다.

제조업만으로는 성장에 한계가 있고 이러한 어려운 경제 상황을 벗어나는 것은 문화 산업화로 이는 새로운 경제 성장 트렌드의 단초가 되었다. 그것은 세계 최대 영화성지인 할리우드 프로젝트 기획, 관광산업 진흥을 국가 성장 아젠다로 문화 경제 르네상스를 개척함으로써 미국은 국민 소득은 3만 불에 이어 4만 불까지 단숨에 진입해 경제 번성을 이룩했다.

문화는 국가와 지역 경쟁력을 좌우하는 데 핵심 자원이다. 문화 산업은 서비스 산업과 관광 산업과도 연계된다. 관광객 1명이 평균 1,530달러를 소비하며, 그로 인해 파생되는 상품이나 서비스에 필요한 일자리가 늘어나기 마련이다. 정부 고용률 70%, 국민소득 4만 불 달성은 문화 융성을 통해서 이루어진다.

2. 문화 대국론

또한, 문화는 돈으로 환산할 수 없을 정도로 그 가치는 크다. 그 속에는 그 무엇과 바꿀 수 없는 국민의 자존심과 자긍심이 녹아있다. 백범 김구 선생은 "우리는 먹고살 정도만의 경제력만 있으면 되고 한없이 가지고 싶은 것은 오직 문화다."라고 하고 문화 대국론을 주창하였다. 문화가 없는 민족은 국가로서 존재하기가 어렵다.

거대 제국이었던 원(元)도 문화의 빈곤으로 번창하지 못하고 유목 생활로 되돌아갔다. 중국의 본토를 2백 년 정도나 다스렸던, 여진족 청(淸)도 한족 문화에 동화되었다. 돌궐도 이처럼 없어졌다.

반면, 영국은 셰익스피어를 인도와 바꾸지 않겠다는 말로 문화적 자존심을 세웠다. 인도가 영국에 종속되지 않고, 홍콩이 중국으로 반환된 것은 그들의 문화 민족으로서의 자존심 때문이라고 보인다.

한류 문화가 전 세계적으로 퍼지고 있다. 그것은 한류 열풍으로 이어져, 중국의 시진핑 주석이 한국 드라마인 『대장금』에 매료되어 주인공인 이영애를 정상회담의 만찬 인사로 초대했을 정도로 큰 주목을 받았다. 싸이의 '말춤'은 오바마 대통령 등 세계 유명인사들이 수시로 추게 할 정도로 전 세계인들을 열광시켰다. 『겨울연가』의 주인공인 배용준은 일본 아줌마들의 우상이 되어 '욘사마'라는 칭호를 얻었다.

이처럼, 우리는 5천 년 유구한 역사 속에서 빛나는 문화재와 현재의 한류 열풍을 통해 전 세계인이 열광하고 즐기는 문화민족으로서 문화 대국의 위상을 다져나가고 있다.

3. 문화 융성과 경주 세계문화엑스포

경주 세계문화엑스포는 대한민국의 문화 융성을 위한 첫 신호탄이라고 보인다. 이것은 신라 1천 년의 문화가 세계와 호흡하는 문화를 소재로 한 문화올림픽과 같은 성격을 지닌다. 1998년부터 2011년까지 6차례 개최하는 동안 큰 성장을 이뤄냈다. 그동안 모두 97개국에서 5만 6,000명의 문화예술인이 참여했고, 누적 관광객 수만도 1,000만 명이 넘는다.

그중 외국인이 108만 명에 이르니 글로벌 문화 행사로도 손색이 없다. 우리의 우수한 문화적 자산과 한국인의 자부심과 열정이 빚어낸 훌륭한 문화적 결실이다. 경주 세계문화엑스포는 명실공히 대한민국 대표 명품 문화 브랜드로 정신문화에 목말라하는 세계인과 향유했다는 점에서 그 의미가 크다. 2006년 지자체 최초로 세계로 나섰다. 문화 행사 수출 1호로서 그 첫발은 캄보디아 앙코르와트에서 이뤄졌다.

특히, 2013년 10월에 개최한 이스탄불-경주 세계문화엑스포 2013은 '길, 만남, 그리고 동행'이라는 주제로 이스탄불 시내 일원에서 펼쳐진 행사로 아시아, 유럽, 아메리카 등 세계 각지에서 40개국이 참가한 총 누적 관람객 470만 명 정도가 방문했을 정도로 과히 대형 국보급 문화 행사다.

이것은 대한민국의 문화 브랜드와 국격을 높이는데 엄청난 역할을 한 것으로 보인다. 이스탄불에서 경북도가 야심차게 주도하는 문화 행사가 양국 정부의 지원으로 열린 가슴 설레는 문화 융·복합 시대를 앞서 실천하는 대한민국 최대 문화 창조의 패러다임이 되었다고 보인다.

이를 바탕으로 세계문화의 큰 축인 유럽으로 그 지평을 넓히기로 했고 동서양 문화 가교 허브로써 고착되었다고 보인다.

21세기는 문화 융성이 창조경제를 견인하는 문화가 국력인 시대다. 문화가 국가 경쟁력 강화를 위한 핵심 인프라다. '경주 세계문화엑스포'라는 이름표를 달고 대한민국의 문화와 경제가 전 세계에서 제 갈 길을 찾았으며, 지자체가 문화콘텐츠를 통해서 국제 무대에 당당히 진출하는 '창조 지자체', 지방이 국책 사업인 문화 융성을 성공적으로 이끈 표본이 되었다고 본다.

4. 국민과 함께 문화 융성 정책 추진

앞으로 우리나라 문화 융성을 위해서는 찾아가는 문화 복지 서비스와 세계인이 함께 향유하는 글로벌 체감형 밀박형 문화 융성 사업을 추진해야 한다.

이를 위해서는 문화를 통한 민생 속으로 프로젝트』, 문화 예술 분야의 출향 인사를 대상으로 하는 '문화 귀농·귀촌 운동 전개', 예술고·대학생을 활용한 '예술봉사활동 전개', '경주 세계문화엑스포 집중 육성'등이 필요하다. 이를 내실 있게 실천하기 위하여 국내외 문화예술인, 학계, 연구계 등 다양한 전문가가 참여하는 '대한민국 문화 융성 위원회'를 구성·운영하여 세계인들이 참여하고 즐기는 문화 융성 정책을 적극 발굴하도록 한다.

또한, 국민의 삶 속으로 파고드는 생활 체감형 문화 정책을 통해 문화 소외지역을 해소하고 나아가 경제적 개념을 중산층에서 문화적 개념의 '문화 중산층'으로 확대로 힘써 나감으로써, 문화와 함께 더 행복한 대한민국을 만드는 계획을 수립, 추진함으로 보다 수준 높고 의미 있는 정책을 추진해나간다.

제4부

—

지역 발전론,
대한민국 지방 경영의 길

제1장 목민관의 아침

1. 지방 자치와 목민관

1995년 지방 자치가 실기 된 지, 20년의 성년기에 접어들었다. 그러나 아직도 법, 제도, 예산, 조직권, 감사권, 자치경찰권, 수도권과 지방 간 불균형 심화 등 어느 하나 지방 자치에 대해 속이 시원하게 이루어진 것이 없다. 1995년, 민선 자치제가 도입된 이후 6번 선거를 치르고 많은 목민관이 이 사이에 바뀌었고, 그 중간에는 자의 반 타의 반 이권청탁, 비리 등 불명예로 중도에 사임하는 경우도 많았다. 이는 모두 자신을 뽑아준 지역민을 진심으로 섬기고 지역을 진정으로 아끼고 사랑하는 정신이 적었기 때문이다.

이런 시점에 목민관이 가져야 한 소양과 덕망을 다산 선생의 『목민심서』를 통해 알아보고자 한다. 지금부터 200년 전 다산 정약용 선생은 일개 범인의 지절로서 유배생활을 하면서 목민할 마음은 있으나 직접 할 수 없는 상황에서 온 진력을 다 해 목민심서를 저술했다. 이 명서를 읽다 보면 따뜻한 애민 정신, 청렴하고 검소한 선비의 자세, 바르고 치밀한 행정 관리에 감탄을 자아내게 한다.

2. 제자리를 지키는 민초

항상 목민관은 좌고우면하지 않고 현장을 지켜오면서 목민 정신과 자세를 가슴속에 품고 조용히 실천해야 한다. 자신을 알아주지 않더라도 이에 개의치 않고 묵묵히 외롭고 고독한 그 길을 걸어가야 한다. 리더는 덜 고독하고 외롭다. 목민관의 일과는 동트기 전에 일어나 몸을 청결히 한 뒤 옷매무시를 단정히 하고 경건한 마음으로 생각을 가다듬고 처리해야 할 일과 지시를 내릴 것에 대해 꼼꼼히 정리해야 한다. 이것은 목민관으로서 나를 뽑아준 지역민들에게 예를 갖추고 그에 대한 감사의 도리라고 생각해야 한다.

무성한 초목도 때가 지나면 하나둘 다 시들어 버린다. 아무리 좋은 제도, 정책이라도 시간이 지나면 쇠퇴한다. 그러나 민초들은 언제나 그 자리에 서서 어떠한 난국과 환난 속에도 끝까지 의연함을 잃지 않고 제자리를 지킨다. 이들을 지극정성으로 사랑하지 않고 거짓으로 대하면 근방 이를 알고 준엄한 심판을 할 정도로 우리 우리의 국민들은 위대하고 현명하다.

3. 천리의 원천을 가져야

백성을 섬기고 떠받드는 천리의 원칙을 지키는데 정성을 모으는 것이 목민관의 근본이 아닐 수 없다. "흔들지 않고 피는 꽃은 없고,"/ "동량재(棟梁材)가 될 나무는 응달에서 자라난다."라고 한다. 백성의 주름과 지방의 절망을 영광으로 연결시키는 실을 짜고 실천해야 한다. 수도권 집중화로 인해 추풍령 아래로는 기업과 인재가 내려오지 않아 늘 한탄을 한다. 현장에 나가면 열이면 열 모두가 우리 아이가 취직을 못해 놀고 있다고 하소연을 할 정도로 청년 실업문제는 심각하다. 이들이 취직해서 장가도 시집도 가야 하는데 직장이 없으니 결혼을 못한다. 미래 인구 감소나 산업 발전보다 집안에 대가 끊긴다고 매우 소박하고 인간적으로 걱정을 한다. 어떤 상황에도 청년 일자리 만들기에 온 정성과 노력을 다하여야 한다.

또한, 시대를 이끌어 왔던 정신을 지방의 정체성 찾기에 주력을 해야 한다. "관청에서 권하면 1냥도 주기가 아깝지만, 스스로 우러나면 만금도 내놓는다."는 말이 있다. 다산 선생의 목민 정신에 따라 지역 참사랑을 통한 역량 결집과 자부심 고취시키는데도 노력을 아끼지 않아야 한다. 지역 문화 창달이나 한국 문화 융성에 매우 중요한 역할을 할 것이다.

우리 앞에는 언제나 불편한 환경이 전개되지만, 이는 시련이나 장애가 아니다. 로마를 로마로 만든 것은 시련이라고 했다. 근본과 원칙에 충실함으로써 스스로의 힘을 키워가는 정신으로 부강한 지역을 만들어 가면 지방 현실의 힘든 보릿고개를 넘을 수 있을 것이다. 목민 아침은 지극정성의 백성 사랑에서 시작되었기 때문에 능히 가능하다고 본다.

제2장 지역 균형 개발은 국가 경쟁력 원천

1. 국가 경쟁력 약화는 국토 기형적 성장

2014년 한국의 국가 경쟁력 순위는 지난해와 같은 26위로 아시아권의 대만과 말레이시아보다 낮은 순위를 기록했다. 2007년 11위를 기록했던 이후로 계속해서 하향세[32]를 나타내고 있다. 이와 같이 우리나라의 국가 경쟁력이 낮은 수준에서 맴돌고 있는 것은 수도권과 지방 간의 지나친 격차로 국토의 기형적인 성장에 따라 국가 발전의 힘이 한 덩어리도 뭉치지 못하고 분산되었기 때문이다.

수도권의 면적이 12%에 불과한 수도권의 인구는 2014년 현재 50%로 포화상태에 있다. 반면, 일본 동경권의 32.2%, 프랑스 파리권의 18.2%보다 크게 높다. 미국의 국가 경쟁력의 원천이 균형 개발에서 출발하였다. 그러나 우리나라의 경쟁력 하락은 수도권의 집중화에 비롯되었다고 볼 수도 있다. GRDP 역시 51%를 차지함으로써 수도권의 경제 집중화가 더욱 가중되고 있다. 또한, 우리 경제의 윤활유 역할을 하는 기업들도 수도권에 집중되어 있다. 전체 기업의 47.3%, 1,000대 상장사 기업의 71.9%, 신설 법인기업의 62%가 수도권에 입지해 있다. 이러한 기형적인 국토 성장과 지방과 수도권 간의 대립 구조는 국가 에너지를 분산시켜 국가 경쟁력 저하의 실질적인 요인이 되고 있다.

---

32) http://professionalplayer.tistory.com/9

2. 수도권과 지방 간 대립 격화

결국, 이것은 수도권과 지방 간의 대립 구조를 연결하는 요인이 되었다. 수도권은 여기에 만족하지 않고 수도권 광역 협의체를 구성하고, 이를 통해 공장 총량 제도 폐지 등 수도권 규제 완화를 지속적으로 요구하고 있다. 지방은 지방대로 균형 개발협의회를 구성하고 정부의 수도권 규제 완화에 대한 비판의 목소리를 쏟아내고 있다. 역대 정부마다 균형 개발을 국정 이념으로 채택하고 다양한 정책을 수립해 추진했지만, 실효성은 그다지 크지 않았다.

1990년 이후 세계화이라는 경제질서 속에 EU, NAFA 등 거대 경제 통합의 이론인 '협치'는 세계 경쟁력의 상징적인 용어로 부상되었다. 이러한 시대적인 상황 속에 수도권과 지방이 함께 잘 사는 'Win-Win'전략으로 수도권 규제 완화 대신에 공공기관의 지방이전, 기업도시 조성, 경제 자유구역 지정, 혁신 도시 조성, 행·재정적 지방 분권 등 다양한 대책을 추진 중이다.

그러나 단기간에 너무 많은 정책 양산과 함께 중앙부처가 설정한 가이드라인에 따라 지자체에 작성케 한다. 그 자료를 다시 주관 부처인 중앙 부처가 평가·결정해서 지방에 예산을 지원하는 하향식 접근으로 추진되고 있다. 이러한 동시 다발적인 정책과 산출적인 평가, 결과에 집착하는 균형 시책이 국가 경쟁력을 높이면서 지역 격차를 해소할 수 있는 정책으로 이어질 수 있을지에 대해 많은 의문점이 제기된다.

3. 내국적 세계화가 관건

지방의 경쟁력이 국가의 경쟁력을 좌우하고 이러한 내국적 균형이 세계화에 대응하는 경쟁력을 높인다는 전제하에 다음과 같은 정책적 대안을 제시하고자 한다. 첫째, 국토 공간 전략의 재정립이다. 국내 지역 간 경쟁은 Zero-Sum 효과를 낼 수밖에 없지만, 지역의 글로벌 경쟁력 확보는 Plus-Sum 효과를 창출한다. 국토 공간 전략도 국내 지역 간 대립 구도에서 탈피하여 글로벌 경쟁 구도 속에 추진해나가야 한다. 이를 위해 인구 500만명을 범위로 광역경제권을 설정하고 집중 육성하는 전략이 필요하다.

4. 지방 주도권 확보 및 지방 인재 양성

둘째, 지방 활성화를 위한 지방의 주권 확보이다. 글로벌 시대의 균형발전은 지방의 입지 경쟁력을 높여서 기업이나 기업지원 서비스 산업들이 지방으로 대거 이동케 하는 것이다. 지방의 입지 경쟁력 강화의 동인을 밀어내기(Push) 방식에서 끌어오기(Pull) 방식으로의 전환이다. 지방으로 주사업장을 이전하는 기업 또는 기업 군에게 기업의 필요에 맞게 토지를 개발할 수 있는 토지개발 권한을 확대 부여한다. 이와 더불어 수요자의 중심으로 입지제도를 개편하는 동시에 인센티브도 제공해야 한다. 또한, 지자체의 기업유치 노력으로 법인세·부가세가 전국 평균 증가율을 초과하여 징수되는 경우, 세수 증가분의 일정 비율을 해당 지자체에 환원하여 기업 유치를 촉진하는 것도 지방 발전을 위해 좋은 정책이다.

넷째, 지방의 인재 발굴과 전문가 네트워킹의 구축이다. 지방의 숨어있는 인재들이 역할을 할 수 있도록 기회를 부여하는 것이다. 지방은 스스로 인재가 없다고 여기고 수도권에 의존하여 활용하는 사례가 많다. 지방 자치단체의 출연 연구기관인 연구원장은 대부분 서울에서 초빙, 임명함으로써 지방 인재의 유출을 가속한다. 이제부터라도 연구기관의 연구원은 지방 인재를 우선 채용하고 모든 영역으로 인재 할당제를 확대 시행한다. 또한, 지역문제를 주민 스스로가 논의하고 자주적·협력적 거버넌스를 구축하는 것도 지역 발전에 있어 필요하다.

5. 신성장 산업 발굴 및 과감한 규제 개혁

다섯째, 신성장 동력산업 발굴이다. 21세기형 산업 활동을 강화하기 위해 복합 의료 산업단지 조성, 과학 비즈니스 벨트, 신공항 개발 등 지역이 원하고 지역 발전을 견인할 수 있는 선도 프로젝트를 적극적으로 추진하도록 한다. 이와 함께 제조업+IT, 바이오+의료기기+의료서비스, 자동차+SW+통신서비스 산업 등 산업 분야 간 연계·융합을 통한 신산업 창출도 필요하다.

여섯째, 기업하기 좋은 환경 조성이다. 지역 경제 활성화 정책의 최우선 목적을 기업환경 개선으로 설정하는 것이다. 기업하기 좋은 환경을 만들기 위해 과감한 규제 개혁, 지방 중소기업에 투자하는 지방 기업 투자펀드 조성, 혁신형 중소기업의 창업 지원 등이 필요하다.

6. 특별 지방 행정관서 지방 이양

일곱째, 혁신·행정 복합도시 등의 지속적인 추진이다. 자족 기능을 갖출 수 있는 혁신 도시를 계획대로 조성하고 공기업의 민영화·통폐합으로 공백이 발생하면 지자체가 중심이 되어 지역 실정에 맞게 보완 방안을 제시하도록 해서 국가 균형 발전 위원회가 최종적으로 조율하도록 한다.

경북 등 도청이전에 따른 행정중심의 경우, 자족 기능을 조기에 정착될 수 있도록 제도적 여건을 구축한다. 대학·첨단 기업·연구소 등을 유치할 수 있도록 세제 지원, 토지공급 가격인하 등 인센티브를 확대한다. 기업 도시에 대해서는 입주 기업 및 사업 시행자에 대한 지원 강화, 교육 등 정주 여건의 개선을 통해 자족적인 성장의 거점화 추진한다.

또한, 주변의 산업단지 등 거점을 연계하는 광역 성장 벨트 구축, 기업 유치 등 지역 발전을 위한 지자체의 노력이 지자체 재정 여건 개선으로 연계될 수 있도록 지역 발전 인센티브 제도 도입도 필요하다.

마지막으로, 특별 지방 행정기관의 지방 이관이다. 지방 분권과 자율성의 취지에 부합하도록 특별 지방 행정관서를 지방에 과감하게 이전하도록 한다.

결론적으로 지역 발전이 곧 국가 경쟁력이다. 국가 경쟁력 향상은 국내의 경쟁이 아닌 지역과 세계와의 경쟁으로 이어져야 한다. 이는 Zero-Sum가 아닌 Plus-Sum 효과를 가져올 것이다.

제3장 지역 산업 발전, 그 해법을 찾다

1. 무엇이 문제인가?

지역 산업은 특정 도시 및 지역에 입지해 있는 모든 사업을 의미한다. 지역에 연고를 두거나 뿌리를 둔 산업을 말한다. 여기서 지역은 국가의 하부 단위이지만 도시의 상부나 하위 단위로서 공간적으로 일체화 되어 있는 영역을 의미한다.

일본에는 이와 비슷한 개념으로 지장 산업, 중국은 향촌 산업이라는 표현을 사용하고 있다. 이 개념은 우리나라의 지연 산업과 더 가까운 개념으로 보는 것이 타당할 것이다. 지역 산업이나 지연 산업, 지장 산업, 향촌 산업 모두가 다소의 개념이 다르지만 한결같이 지역 발전을 이끌어가는 산업이라는 점에서 공통적인 특성이 있다.

오늘날, 세계화와 지방화로 대변되는 환경에서 우리나라 도시 및 지방은 산업 구조적 제약에 직면하여 경제 침체가 나날이 심해지고 있다. 중앙정부는 물론, 지자체가 다양한 자구책을 강구하고 있지만 뚜렷한 대안을 찾지 못하고 있다. 그러나 일부 학계에서는 지역에 뿌리를 두고 있는 지역 산업의 활성화에서 그 해법을 찾고 있다.

2. 지역 산업의 핵심, 고용 증대

지역 산업에는 지역 주민들의 소득 창출, 고용 증대, 지방재정 확충,

지역 산업 진흥, 지역 산업 발전의 파생효과 등이 수반된다. 이를 보다 구체적으로 살펴보면 첫째, 지역 산업은 지역 주민 소득 증가와 지역 경제 활성화이다. 지역 산업은 지역의 자원을 활용하여 생산하기 때문에 지역 주민의 소득을 창출하고 지역 경제 활성화에 이바지한다. 또한, 지역 내 경제순환을 높임으로 주변지역 경제기반의 형성과 향상에 이바지하고 직간접으로 지역 경제 파급효과에도 기여한다.

둘째, 지역 주민의 고용창출이다. 지역기업은 지역의 중·고령 노동자의 고용기회를 제공하는 데 의의가 있다. 셋째, 지방재정의 확충이다. 지역 관련 기업은 지역 자본으로 지역 주민을 고용하고 경영활동을 수행하기 때문에 지방세 수입 증대 등 지방재정의 안정에 기여하게 된다.

넷째, 지역의 산업진흥과 기술축적에 의의가 있다. 지역 산업이 발전됨에 따라 지역 산업의 기술, 기법, 기능이 오랜기간에 걸쳐 축적되고 나아가 이는 지역 경쟁력 강화에 환류된다.

다섯째, 지역의 전통, 예능, 문화, 축제 행사 등 독자적인 풍토 및 생활 문화와 연계되어 있다. 마지막, 지역의 특성화에 따른 지역 발전의 파생효과가 있다. 각 지역에 특화된 기술과 기능을 통하여 그 지역 특유의 공예품이나 생산품을 만들어냄으로써 해당 지역을 매력 있고 독특한 관광 지역으로 발전해 나간다.

3. 고도 지식 산업과 전통 산업 혼재

우리나라 지역 산업의 내용을 보면 먼저, 수도권의 대도시는 지식기반 산업이 집적되어 있고 산업구조의 고도화가 비교적 순조롭게 진행되고 있다. 1997년 외환위기 이후부터 첨단산업 분야에서 외국인 투자기업이 대거 진출해왔다. 외국인 직접투자 기업의 89.8%, 벤처기업의 70% 이상이 수도권 대도시에 입지해 있다. 특히, 고급인력이 풍부하고 금융, 지식 서비스, 교육 문화가 풍부한 이들 지역에 지속적으로 유입될 것으로 보인다.

두번째, 동남권의 대도시는 우리나라 제2의 산업집적 도시로 산업화 역사가 오래된 지역이다. 부산 신발, 대구 섬유, 울산 자동차, 창원 기계, 포항 철강, 구미 전자 등 동남권 대도시는 그 규모를 기반으로 80년 때까지 한국 산업성장의 견인차 역할을 해왔다. 그러나 1990년대 이후부터 산업 구조 조정이 원활히 이루어지지 않아 부산 신발, 대구 섬유 등 노동 집약 산업은 경쟁력을 잃었고 현재까지도 주력 산업을 찾지 못하고 있다.

충청권의 도시는 경기~충청 경계가 수도권 억제정책의 최대 수혜지역이 되고 있다. 1990년 이후 수도권의 공장 증·신설 규제에 따라 수도권에 인접해 있으면서 교통이 편리한 충청권 북부에 오송, 청주 도시지역에 새로운 산업이 급속도로 몰려들고 있다. 2000~2013년 동안 전국 제조업 사업체 수는 50%가 증가 했는데, 그중 12%가 이 지역에 입지했다.

그러나 서남권 도시의 경우는 산업이 발달할 여건 자체가 취약하여 기업유치나 창업이 곤란하다. 여수 석유화학, 광양 제철 등은 대규모 장지 산업 위주 이기에 지역 경제 파급효과가 적은 것으로 나타났다. 대불 공단, 새만금 개발, 과학단지조성 등 지역 산업의 활로를 찾기 위해 다양한 방법을 모색하고 있으나, 그다지 성과는 높지 않은 것이 대체적인 시각이다.

강원도, 제주도는 접근성이 열악해 산업 육성에 어려움이 있다. 전국 제조업 생산액 중에서 강원도는 1.1%, 제주도는 0.1%에 불과하다. 비교적 접근성이 좋은 원주에 의료기기 산업 집적이 형성되고 있고 제주도의 국제 자유 도시 개발 등은 지역 발전에 좋은 산업으로 평가되고 있다.

4. 수도권과 지방과의 격차가 크다

우리나라 지역 산업의 문제점을 보면 첫째, 수도권과 비수도권 도시 간의 과도한 격차이다. 우수 인력의 수도권 집중과 그로 인한 지방의 인재난이 대표적이다. 그리고 산업 기술혁신을 지원하는 대학, 연구소, 기술개발 자금 등의 여건도 지방은 턱없이 부족한 실정이다. 정부가 지역균형 개발을 위해 지방 인프라에 대한 투자를 늘리더라도 수도권에 집중되는 민간의 소비를 상쇄하기에는 역부족이다. 이런 탓에 지방에서는 자생적 신산업 창출이 곤란한 실정이다.

두번째, 지자체의 현실적인 산업 육성 전략 부재이다. 장기적 비전과 일관성을 가지고 지역 산업을 이끌어 나갈 주체가 없다. 정권과 단체장이 바뀔 때마다 지역 산업 육성 방향은 혼선이 발생하기 때문이다.

셋째, 지자체의 노하우와 마인드가 부족하다. 산업 정책의 노하우나 지역 통계가 미비해 공급자 위주로 산업단지를 조성하다 보니 미분양이 속출하여 지역 산업 유치에서 나쁜 이미지가 쌓이고 있다.

넷째, 중앙과 지방 간 협력 기능이 미약하고 비효율적인 지방 재정 운영이다. 지역 균형 발전과 관련된 예산이 부처별로 분산되어 정책적인 시너지를 발휘하지 못하고 있으며, 지자체의 재원은 체육시설, 도시철도 등 투자 효율이 낮은 사업에 우선 투자되고 있다.

마지막, 국가 경쟁력 약화로 지역 산업 위축이 가속화되고 있다. 고비용, 저효율 구조뿐만 아니라 주변 정세 불안, 노사분규, 반외국인 정서 등 정치 사회 요인이 국내외 기업의 신규 투자를 위축시키는 요인이 될 수 있다. 이런 결과로 우리나라 노사 관계의 경쟁력은 OECD국 중 최하위국으로 분류되고 있다.

5. 차별화된 산업 육성 및 배치

이상의 문제점을 통해 국가 경쟁력 활성화 방안에 대해 간략하게 제시해 본다. 첫째, 국가 경쟁력 강화를 위해 지역 산업을 중점적으로 육성한다. 수도권의 비대화는 국토의 기형화를 초래하여 국가 경쟁력을 하락시키는 원인이 된다. 따라서 지역 산업자금 육성과 더불어 우수한 인력이 지방의 중소도시로 분산될 수 있도록 교육 여건을 획기적으로 개선해야 한다.

둘째, 지역별로 산업을 특화하고 단계별로 발전전략을 계획한다. 지역의 특성에 맞게 산업을 재배치하고 낙후된 산업을 재활성화하는 방안을 추진한다. 문화, 역사, 생태, 환경 등 소프트한 향토자원을 발굴하고 권리화 및 사업화를 추진한다.

셋째, 지역역량에 맞는 산업 클러스터를 조성한다. 연구 기술, 인력 양상, 생산 활동이 유기적으로 연결되어 산업 집중도를 높일 수 있도록 지역실정에 맞는 산업 클러스터를 구성한다. 안동의 바이오 클러스터는 지역 산업 발전을 혁신적으로 이뤄낸 좋은 본보기이라 할 수 있다.

넷째, 지연 산업의 특화이다. 지연 산업은 지역과 함께 성장해온 지역의 뿌리 산업으로 높은 고용과 함께 지역민 소득 증대에 많은 기여를 하고 있다. 대구의 안경산업은 전국적으로 좋은 사례로 주목을 받고 있다.

6. 일관성 있는 발전 정책 추진

그러나 이상 제시된 활성화 방안을 추진하는 데 정책적인 제약점도 있는 것이 현실이다. 특히, 한국적인 상황에서 지역 산업 활성화를 위한 정책적 제약을 다음과 같이 볼 수 있다.

첫째, 투자 우선순위에서 하위권이고 이로 인해 재정 확보가 거의 없다. 최근 복지 및 환경 수요가 급증함에 따라 국가 예산의 대부분은 이들 분야에 집중되고, 그로 인해 산업 분야에서 투자가 저조할 수밖에 없다.

둘째, 정부의 균형 발전에 대한 의지 부족이다. 인구가 적고 면적이 넓은 지역은 투자 대비 편익효과가 낮아서 투자의 효율성이 급격히 떨어진다. 투자의 효율성에 바탕을 두고 추진하는 정부 정책에 반하는 사업에는 적절한 예산이 투입되기 어렵다.

마지막, 정책의 일관성 부족이다. 정권 및 단체장이 바뀌면 기존 정책이 거의 변화되기 때문에 지속적으로 사업을 추진하기 어렵다.

제4장 얽힌 갈등, 그 해결책을 말하다

1. 다양한 갈등 대두

　갈등이란, 행동 주체 간의 대립적, 내지 적대적인 상호작용을 말하며, 심리적 대립감과 대립적 행동을 포괄하는 개념[33]이다. 여기서 행동 주체는 개인이나 집단일 수도 있고 조직일 수도 있다. 일반적으로 갈등이란 조직을 구성하는 개인 간 집단 간, 조직 간 사이에 잠재적, 또는 현재적으로 대립하고 마찰하는 사회적·심리적인 상태를 말하는 것이다.

　1995년 민선 자치제가 도입됨으로써 사업 집행과정에서 갈등문제가 다양한 분야에서 발생하게 되었다. 이러한 갈등은 애향심의 발로에서 출발했지만, 일부 갈등의 경우, 지역감정으로 이어져 국가 경쟁력을 하락시키는 요인으로 작용한다.

2. 지역 혐오시설의 주범

　우리 사회에 흔하게 발생하는 갈등은 혐오시설 설치에 대한 지역 주민들의 분쟁이다. 최근에 지방에서 발생한 지역갈등을 보면 영주시와 주변 시군 화장장 사용료로 인한 갈등, 경산시와 청도군의 쓰레기 소각장 설치 문제로 인한 갈등 등을 들 수 있다.

　먼저 영주시의 화장장의 경우는 주변 시, 군과의 화장장 사용료 갈등이

---

33) 김명환, 1996, 「지방 자치단체 간 갈등과 조정」, 『지방행정』 제45권 제515호, p. 23.

화장장 건립 이후에도 운영 측면에서 다시 갈등이 재발한 상황이다. 영주시는 2010년 11월부터 다른 지역 주민에 대한 관내 화장(火葬) 시설에 대한 사용료를 최대 420%까지 인상했다. 그 결과, 영주 이외 지역의 주민이 영주 시립화장장을 이용할 경우에 유골(15세 이상) 1구당 사용료는 종전 10만 원에서 35만 원으로 올랐다.

또, 개장 유골도 1구당 5만 원에서 21만 원으로 인상되었다. 주변 지역들은 이전에 사용료 인하를 요구했던 점과는 오히려 상반되는 결과를 가져와 대립하고 있다.

다음으로 경산시와 청도군 간의 쓰레기 소각장 건설과 관련이다. 경산시는 용성면 용산리 일대 부지 10만 4,000여㎡에 하루 최대 200톤 처리 용량의 소각장을 비롯해 재활용 선별 시설, 슬러지 건조 시설 등을 갖춘 자원회수시설 설치를 추진했다. 그러나 그곳의 인근 지역인 청도군 주민들은 환경적, 경제적 위협을 문제로 반대하고 있어 갈등이 점차 고조되고 있다.

3. 적절한 형평성 기준 없어

갈등은 공공 서비스를 제공하기 위한 시설 사업에 수반하는 부의 외부효과가 공간적으로 영향을 미치기 때문에 발생한다. 이러한 외부효과는 의도적으로 형성된 것이 아니고 특정 경제 활동의 비자발적이며 우연한 부산물로, 외부경제와 외부 불경제 효과로 구분할 수 있다.

전자의 영향은 개발선호현상으로 나타나고 후자의 경우는 지역 주민의 반발을 초래하게 될 것이다. 완전경쟁 시장 하에서 공공사업의 실시는 '파레토 최적(Pareto optimal)'상태를 가져오기 어렵다.

자원 배분의 효율성을 강조하는 경제성 분석에서는 외부 불경제 효과를 잠재적 파레토 최적(Potential Pareto Optimality) 이론적으로 해소할 수 있다면 해당사업은 진행된다. 이 경우는 집단 간의 효용 비용을 의도적으로 회피할 수 있기 때문에 사업 시행에 따른 형평성 기준은 무시되며 이는 지역 간 갈등의 원인을 제공하게 되는 것이다.

공공투자 사업과 관련된 지역 간 갈등·분쟁 요인은 매우 다양하고 상호 복합적이며 상승효과를 지니게 되는데, 그 원인을 살펴보면 다음과 같다. 첫째, 지역 주민이 혐오성시설 사업을 반대하는 가장 중요한 이유로는 부동산 가치하락 예상이다. 그러나 이와 관련하여 주민들이 내세우는 표면적인 이유는 주로 지역의 소음, 분진 등 환경문제와 교통 혼잡, 주차문제의 가중 등 근린 생활환경의 악화를 주장하는 경우가 많다.

이와 같은 주민들의 이중적 행태는 다음과 같이 잘 대변해 주고 있다. 위해요인이 편익보다 비용이 더 크다고 느껴지면 님비 현상이 발생한다. 개발에 따른 환경적인 우려가 제기되나, 이는 그 지역의 진짜 관심사와는 다른 부차적인 문제이다. 그러나 환경문제의 제기는 개발 반대 논리의 설득력과 정당성을 높기 때문이다.

4. 과학적·객관적 기준 결여

둘째, 혐오시설 입지 선정의 과학성 또는 객관적 기준 결여를 들 수 있다. 이는 지역 주민의 반발을 심화시키는 요인은 하필이면 왜 왜 우리 지역인가에 대한 의문제기로 이루어진다.

그런데 혐오시설의 분포는 입지의 정치경제가 작용할 가능성이 높고 공간상 시설 분포의 왜곡현상을 가져와 지역 간의 편익과 부담의 불일치를, 결과적으로 지역 간 부익부 빈익빈을 강화하는 경향을 가진다. 특정지역에의 혐오시설 밀집은 앞으로 다른 혐오시설의 침투 가능성(Saturation)을 높이고 이에 따른 피해가 커져 지역 간 시설입지의 형평성 제기와 주민집단 반발의 원인이 되고 있다.

셋째, 편익과 부담의 지역 간 분리 또는 불일치 인식도 중요한 심리적인 지역갈등의 원인이 된다. 혐오시설 사업의 경우에는 공익이라는 명목으로 시설 유치 자치단체 또는 지역 주민는 각종 외부 불경제 현상을 감수해야 한다. 그러나 사회적 편익은 지역적으로 한계가 있어 명확히 귀속되지 않고 여타의 자치 단체 또는 불특정 공공에게 주어지는 것이다. 쓰레기 소각장이나 화장장 건립과 관련한 지역 주민의 반발이 대표적인 예이다.

이러한 시설 사업은 사회적 편익은 크지만, 주민의 건강과 안전, 환경위해 문제 등 모든 위험부담을 시설 유치 지역에 집중함으로써 지역 간 형평성 상실과 상대적 박탈감에 의한 갈등 유발의 요인이 해결되는 것이다.

5. 미래의 불확실성

넷째, 시설 사업에 따른 위험성의 인지와 미래의 불확실성도 지역 갈등을 조장하게 된다. 혐오·위험 시설의 건설은 주민 건강과 안전에 위험 요소가 되고 그 수준이 높을수록 갈등 수준도 높아진다. 이에 수반되는 위험 인지비용(Perception costs)의 계상은 개발 주체의 사업비 상승의 요인이 되기도 한다.

일반적으로 정책 결정자와 주민 사이에는 위해성에 대한 인식의 차이가 나타난다. 즉, 주민의 수용 위험도(Acceptable risks)는 낮은 데 반해, 인지 위험도(Perceived risks)는 아주 높아 과학적인 안전성을 확보 했음에도 불구하고 반발이 일어나 갈등의 소지는 항상 존재하게 된다. 미래의 불확실한 파급 효과 역시도 지역갈등의 원인이 된다.

예컨대, 경산 쓰레기 소각장이나 영주 화장장 설치에 따른 다이옥신 피해나 수질 오염이 지역 주민의 건강에 미치는 결과를 완전히 예측하기 어렵다. 그러나 주민은 이에 대한 결과를 사실로 연결시켜 반발하게 되고 결국 마찰과 갈등으로 치닫게 된다.

다섯째, 계획과정에서 주민참여의 미흡·부재은 갈등과 분쟁을 유발 하는 중요한 요인이 된다. 하향식 의사 결정, 밀실 행정, 개발 정보의 미공개에 의한 사업강행 등 집행과정에서 주민참여나 의견 개진 기회가 제한됨으로써 갈등과 마찰이 발생하게 된다. 이러한 다양한 지역갈등 유발 요인은 복합적으로 작용하고, 때로는 상호 상승작용을 하여 시설 유치 예정 지역의 인근 주민까지 집단적인 반발을 하기도 한다.

6. 보상의 마련

이상에서 발생한 원인을 치유하기 위한 대처 방안을 살펴보면[34] 첫째, 합리적, 경제적 측면에서 '보상의 원리(Principle of compensation)'적용이다. 앞서 언급한 영주시의 예를 보면, 처리시설이 개발될 시에 영주시가 누리게 되는 만족은 처리지역 인근 시의 부담(외부불경제)을 능가한다. 그래

---

34) 김정일, 201,「공공갈등 예방과 갈등관리의 제도화 방안연구」, 지방행정연구원,「제11기 고위정책과정」, pp. 1-66.

서 이를 상쇄(trade-off)할만한 충분한 보상이 있어야 한다는 것이 보상의 원리다.

구체적 방안으로는 영주시의 인근 시군의 지가 하락에 대한 지역개발 부담금 지급, 보조금 지급, 다른 지역의 오염분담금 납부 등 금전적 수단이나 피해 주민의 이주, 개발연계 사업추진, 고부가가치 청정 산업공단 조성, 토지 용도 조정, 하부구조 개선, 기반시설 건설 등과 같은 방법이 있다.

그러나 이런 정책 시행에서 문제가 되는 것은 그 보상금을 누가 지불하는가에 대한 것이다. 이는 지방 자치단체에 일방적인 비용 부담을 강요할 것이 아니라, 그 시설로 수혜받는 지역의 범위와 수혜 정도를 면밀하게 조사해 그 비용에 대한 보상 체제를 확립함으로써 갈등을 해소해야 할 것이다.

7. 합리적 의사소통 및 조정 제도 마련

둘째, 의사소통 체제의 정비이다(김정일, 2014). 현재 설치된 행정 협의회는 사실상 형식적이고 의례적인 성격에서 크게 벗어나지 못하고 있다. 따라서 그 실효성을 확보하기 위해서는 이를 상설 기구화하고 합의사항에 대한 구속력을 부여하는 등 제도를 보완해야 할 것이다.

셋째, 조정제도의 보완과 조정자의 확보이다. 지방 자치단체 간에 분쟁이 발생했을 때를 대비하여 현행 지방 자치법 제140조는 시도에 대해서는 행정자치부 장관이, 시·군 및 자치구에 대해서는 시·도지사가 당사자의 신청을 받아 분쟁 조정 위원회를 두도록 하고 있다. 그러나 이 제도는 주로 사후적 의미를 지니고 있는바, 사전에 예상되는 분쟁을 체계적으로 관리함으로써 그 해소에 드는 비용을 최소화할 수 있도록 제도적 보완이 필요하다.

이상으로 제시된 사항에 대해 정책적인 제약점으로 다음과 같이 있다. 첫째, 갈등 문제가 발생하였을 때에 이를 간여할 수 있는 법적·제도적인 장치가 부족하다. 둘째, 피해자에게 합리적인 기준으로 보상할 수 있는 재원이 별도로 책정되어 있지 않다. 셋째, 주민들의 성숙한 의식이 형성되어 있지 않다.

8. 양보라는 의식 필요

결론적으로 공공시설 집행과정에서 갈등은 어떤 형태로든 언제나 발생할 수 있다. 근본적인 해결을 위해서는 갈등에 대한 일반적인 인식의 전환이 요구된다. 지방 자치권의 확대에 따라 지방 자치단체가 자기의 이익을 추구하는 과정에서 다른 지방 자치단체와의 갈등은 자연스럽게 발생하는데, 이를 단순한 이기주의로만 인식 한다면 그 해결은 어느 한 자치단체의 양보나 강제적 방법에 의존할 수밖에 없다.

그러나 양보라는 도덕적 처방은 현실적인 대안이 아니며, 강제적 방법은 필요하지만 바람직한 대안은 되지 못한다.

제5장 새마을운동 세계화, 대륙을 건너 희망을 노래한다

1. 검은 대륙의 신한류

한류(Korean wave)는 대한민국의 대중문화를 일컫는 말이다. 현재, 한류는 아시아를 넘어 전 대륙을 휩쓸고 있다. K팝은 세계의 심장인 뉴욕을 점령했다. 전 세계가 대한민국의 노랫소리에 열광하고 있다. 또 다른 한쪽에도 한류의 희망 노랫소리가 먼 아프리카 대륙에서 펼쳐지고 있다. 그것은 대한민국의 새마을운동이다.

새마을운동은 대한민국이 1970년대 가난에서 벗어나 우리도 한번 잘살아보자는 국민적인 염원이 하나가 되어 자발적인 행태로 발생한 국민운동이다. 세계에서 가장 가난했던 나라 중 하나였던 우리나라는 30년 만에 약 100배에 가까운 세계 경제규모 13위권까지 성장했다. 이 기적 같은 발전은 1970년대 태동한 새마을운동에 의해 비롯되었다 봐도 무방할 것이다.

2. 물고기를 잡는 법 전수

경상북도의 새마을운동 세계화는 우리나라가 잘 살아서가 아니라 가난을 극복한 경험을 전수해 주는 것이 목적이다. 즉, 물고기를 잡아주는 것이 아니라 잡는 방법을 가르쳐 주는 것이다(아시아뉴통신, 2012.8.2. 보도자료).

경상북도는 새마을운동의 성공 경험을 국제사회와 공유하여 세계 빈곤 퇴치와 함께 새마을운동의 가치를 국가 무형자산으로 창출해나가는 것이라고 볼 수 있다.

2010년 1월 1일, OECD 산하 DAC(공적개발위원회) 회원국 가입으로 우리나라는 '받는 나라에서 주는 나라'로 발전한 최초의 사례가 되었다. 그리고 새마을운동의 태동시킨 종주국으로서 우리나라는 그 책무를 다하고 가난을 극복한 경험을 살려 2005년부터 새마을 세계화 작업을 시작해 해외 저개발국가의 빈곤을 퇴치하고 지속 가능한 발전을 꾀하는 첨병 역할을 활발하게 수행하고 있다.

새마을 종주도로서 경상북도는 세계 빈곤 퇴치의 일환으로 2005년부터 한국 최초로 '새마을운동 세계화'사업을 시행하였다. 이 사업은 민간단체, 대학, 연구소, 정부 기관, 국제 기구 등 다양한 주체들이 참여한 거버넌스 형태의 지원 방식이다.

초기에 새마을운동 세계화는 베트남·인도네시아 등 아시아 지역에 전해졌으나 2010년부터는 KOICA와 협력으로 에티오피아, 르완다, 탄자니아 등 아프리카 지역까지 확대 추진되었다.

〈그림2〉 새마을운동 세계화 시범 마을 조성 국가 현황

초기에는 마을회관 건립, 마을 안길 포장, 새마을 회관 신축 등 지원 사업으로 이루어졌지만, 점차 자립적·자생적 기반 형태로 변화되어 추진하고 있다. 경상북도는 소비가 아닌 물고기를 잡는 방법을 전수해주는 경북형 새마을운동의 원조 모델을 개발했다. 새마을 운동을 세계 빈곤퇴치 프로그램으로 채택하고 김관용 경상북도지사와 반기문 유엔 사무총장이 2007년 이후 5차례에 걸쳐 논의하여 UN과 함께 세계화를 추진하고 있다. 2005년부터 경상북도가 추진한 새마을운동 세계화 사업의 성과는 아래와 같다〈표10〉.

〈표10〉 경북의 새마을운동 세계화 성과(2005~2012)

사업 형태	대상 국가	사업 기간	사업비 (연간)	참여 주체	추진 방식	주요 사업내용
새마을 리더 봉사단 파견 · 시범 마을 조성	5개국 15개 마을	2010 ~	60억 원	경북, 코이카, 수원국대학, POSCO	파트너십	의식 개혁, 환경 개선, 소득 증대 사업 등
외국인 새마을 연수	62개국 2,467명	2005 ~	4.5억 원	도, 코이카, 대학수원국	파트너십	새마을운동 이론 및 성공 경험 전수
대학생 새마을 해외 봉사	6개국 431명	2007 ~	2.5억 원	수원국 경북도단체	파트너십	의료 봉사, 마을 환경 개선, 문화 교류 등
한국형 밀레니엄 빌리지 조성	2개국 4개 마을	2009 ~ 2013	800만 불 (5년간)	MP, UN, 경북, 코이카	파트너십	식수, 전기, 도로 등 대규모 프로젝트

자료, 경상북도 새마을운동 봉사과

경상북도가 추진한 새마을운동 세계화의 비전은 현지 자립 역량을 강화해 세계 빈곤 문제를 근원적으로 해결하는 데 그 배경을 두고 있다. 이를 실천하기 위한 지향 목표는 지도자 양성, 자립역량 배양, 지역 사회 성장 기반 조성에 있다. 지도자 양성은 현지 새마을지도자를 초청하여 대학이나 기술원에서 전문교육을 하는 것이다. 유학생 연수와 봉사단 교육은 현장 중심의 체험 교육에 바탕을 두고 있다. 자립역량 배양은 빈곤 퇴치에 기본 방향을 두고 새마을 리더 봉사단 파견, 현지 시범 마을 조성, 자체 새마을 조직 활성화이다.

지역 사회 기반 조성은 현지 대학, 지방 및 중앙, 새마을 조직 등 민·관·연의 거버넌스 파트너십을 구축하고 삶의 질 개선을 위한 사업의 지속적인 추진에 초점을 두는 것이다.

이를 실천하기 위한 이행전략으로는 첫째, 새마을운동 봉사단 파견을 통한 시범 마을을 조성한다. 둘째, 대학생 국제봉사단을 파견한다. 셋째, 외국인을 초청하여 새마을운동 교육 연수를 시킨다. 넷째, UN과의 협력이다. 다섯째, 한국형 밀레니엄 빌리지 조성 사업(KMVP) 추진이다.

이러한 사업들은 단순한 인적, 물적 협력을 넘어 자립 의지와 역량 배양을 통해 새로운 개발 협력모델로의 구축을 지향하고 있다. 경상북도 새마을운동의 세계화 이행모델은 아래와 같이 도식화 할 수 있다.〈그림3〉

경상북도는 새마을운동 성공 경험을 국제 사회와 공유, 한국형 ODA 모델로 정립하여 확산·보급함으로써 세계 빈곤퇴치 기여에 그 기본 이행 방향을 두고 있다. 기존 선진국의 원조사업과 차별화된 주인의식 및 자립역량 강화를 통해 스스로 지속 가능한 발전을 할 수 있도록 적합한 콘텐츠를 개발해서 제공하고 있다. 이러한 이념에 바탕을 두고 경상북도가 주축이 되어 민간협력 단체, 국제 기구, 대학 및 연구소 등 다양한 주체들이 참여한 거버넌스 형태로 이행 방향으로 추진되고 있다.

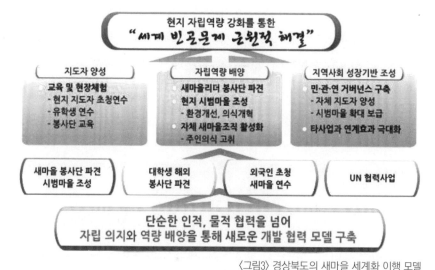

〈그림3〉 경상북도의 새마을 세계화 이행 모델

경북의 새마을운동 세계화의 성공 요인을 아래와 같이 글로벌 새마을지도자 육성, 새마을 리더 봉사단 해외 파견, UN과 함께하는 새마을 운동, 한국 밀레니엄 빌지지 조성사업(KMVP) 등과 같다. 이를 보다 구체적으로 제시하면 아래와 같다.

3. 글로벌 새마을 지도자 육성

경상북도는 2007년부터 대학교와 손을 잡고 국내 최초로 대학교 산하에 새마을 아카데미를 설립·운영하고 있다. 대학의 전문인력을 활용해 외국인 지도자들에 대해 교육을 하여 지금까지 48개국 2,197명을 대상으로 새마을운동 연수를 하였다.

그 중 2010년에 21개국 364명에 대하여 연수를 하였으며, 특히 주한 아프리카 대사(10개국 20명)를 초청하여 새마을운동을 소개했다. 이미 초기 새마을운동이 시행되고 있는 동남아시아(인도네시아, 베트남, 캄보디아, 라오스)의 지도자 20명도 초청하여 새마을운동에 대한 이론교육과 각 나라마다 특성에 맞는 프로그램을 개발하여 보급·시행하고 또한, 글로벌 외국인 지도자를 적극적으로 육성해나가고 있다.

4. 새마을 리더 봉사단 해외 파견

2010년부터 주력적으로 추진하는 새마을운동 세계화 사업 새마을 리더 봉사단의 해외 파견이다. 2009년 8월 18일, 김관용 경상북도 지사는 반기문 UN 사무총장의 초청으로 서울 롯데 호텔에서 개최된 간담회에 참석하였다. 이날, 반기문 UN 사무총장은 아프리카 빈곤 퇴치의 전략으로 새마을운동을 꼽았고, 김관용 경상북도 지사와 함께 아프리카 새마을운동 보급을 위한 방안을 논의하기도 하였다. 그 후, 경상북도는 외교 통상부 산하 KOICA(한국 국제 협력단)와 공동 협력하여 아프리카에 새마을 리더 봉사단 82명을 아프리카 4개국(에티오피아, 탄자니아, 르완다, 카메룬) 10개 마을에 파견하였다.

봉사단은 현지 마을 지도자 및 주민들과 함께 세부사업 계획을 수립하고 새마을운동의 전도사로서 역할을 수행한다. 파견 사업은 점차 확대되어 현재는 아프리카 10개 국가에 봉사단을 파견하고 있다.

5. UN과 함께하는 새마을운동, 한국형 밀레니엄 빌리지 조성 사업(KMVP)

2007년부터 매년 여름 방학 기간에 도내 대학생을 대상으로 대학생 해외 새마을 봉사 활동을 지원하고 있다. 대학생 봉사단은 저개발국가에서 마을 안길 포장 및 정비, 교육·의료 봉사와 한국의 문화를 알리는 활동을 한다. 2012년에는 인도네시아, 필리핀, 탄자니아에 각 1팀씩 3팀(90명)이 봉사 활동을 다녀올 예정이며, 2007년부터 현재까지 5개국 340명의 대학생이 파견되었다. UN 등 국제 기구와 함께 아프리카에 한국형 밀레니엄 빌리지 조성 사업(KMVP)을 추진 중이다.

한국형 밀레니엄 빌리지조성 사업은 경상북도, KOICA, UNWTO ST-EP 재단[35], MP(UNDP)가 컨소시엄을 구성하여, 2009년부터 2013년까지 탄자니아와 우간다에 보건·의료·교육 등을 지원하고 도로, 수도 등 기초 인프라를 구축하여 인간적인 삶을 영위할 수 있도록 하는 사업이다. 이는 유엔의 MDGs(새천년 개발 목표) 달성을 위해 새마을운동의 성공 경험을 접목하여 추진하는 것이기도 하다.

이 사업의 총 책임자인 미국 컬럼비아 대학의 제프리 삭스 교수는 '한국형 밀레니엄 빌리지 조성' 사업은 MDGs 개발을 위한 전 세계적 협력 구축의 모범 사례가 되고 있다."라고 말했다. 새마을운동은 'UN의 세계 빈곤 퇴치 공식 프로그램'으로 지정되어 저개발국의 발전 모델로 진화할 것이며, 또한 세계적 명품 브랜드로 성장해 인류의 공존과 번영을 위한 지구촌 공동체 건설을 향해 힘차게 나아갈 것이다.

---

35) 관광을 통해 빈곤 퇴치를 하려는 유엔 산하 기구

6. 국제 표준 모델 마련 시급

경상북도는 한국형 새마을 ODA 모델 확산에 주력해나가야 한다. 지금까지 추진한 성공 경험을 국제적 표준 모델로 체계적으로 정리하여 UN의 세계 빈곤 퇴치 공식 프로그램이 될 수 있도록 해야 한다.

다음으로는 세계화 사업의 범위 확대이다. 2012년 현재, 5개국 15개 마을을 2015년까지 10개국 30개 마을로 확대하는 것에만 그치지 말고 중남미 지역까지도 확대 보급해야 할 것이다. 에티오피아 아다마 대학 내 연구소 설치 등 해외 거점 지역에 새마을 연수·보급 센터 설립할 필요성이 있다.

또한, 현지 대학과 경북 지역 대학의 새마을 연구소를 연계해 새마을운동 사업을 총괄 지원하는 추진 체계도 구축해야 한다. 아울러, 비동맹국 등 제삼 세계 국가들의 친 한국화를 유도하기 위해 이들 국가에도 새마을운동 사업 추진을 해 나가야 한다.

※ 경상북도의 새마을운동 세계화 성공 사례 및 평가

1. 르완다 성공 사례(벼농사 프로젝트, 무심바 마을)

첫 수확량은 적었지만, 주민들은 하면 된다는 희망의 씨앗을 보았습니다. 2년 만에 잡초가 무성한 땅 18헥타르를 개간하고 농수로를 가설하여 20톤의 쌀을 생산하는 성과를 이루었으며, 연평균소득 29,640프랑이었던 마을이 옥수수 소득 대비 8배가 증가한 202,040프랑이 되는 마을이 되었습니다. 이들이 1년 동안 수확한 벼농사 수입이 유치원 교사 2년 치 봉급보다 많았다고 합니다. 337가구 주민들이 새마을사업을 통한 공동 작업을 통해 주민 화합이 이루어졌고 벼농사 조합을 설립함으로써 자립 기반을 확충하였습니다. 벼농사의 성공은 현지 정부가 벤치마킹할 정도로 성공 사례가 되어 주변 마을까지 함께함으로써 새마을운동의 근본 취지를 가장 잘 실천한 사업으로 평가받고 있습니다.

・18ha 황무지
・연평균 소득 3만 프랑

→

・2만kg 벼 생산
・연평균 소득 20만 프랑
(소득 7배 증가)

제5부

—

성공학,
자신 경영의 길

제1장 행복한 직장, 어떻게 할 것인가?

1. 행복한 직장인 만족감, 긍정적 정서 유지

행복한 직장인은 만족감, 즐거움, 높은 가치(예지은 외, 2013)를 가지고 있다. 반면 불행한 직장인 우울, 권태, 부정적 감성이 만연되었다. 회사가 많은 임금을 준다고 직장인들은 행복하지 않다. '이스털린의 역설(Easterlin's Paradox)'에서 나타나듯이 소득이 일정한 수준에 도달하면 행복감은 증가하지 않는 것이다(예지은, 2013). 이스털린 역설은 1974년에 미국의 경제학자인 리처드 이스털린이 제시한 이론이다. 이는 지난 50년 동안 서양 국가들은 실질 임금이 높아졌음에 불구하고 그다지 행복하지 않다는 것이다.

우리나라는 국민 소득은 2만 달러에 도달해 있지만, 행복 지수는 OECD의 36개국 중에 27위의 하위권으로 그리 행복하지 않은 국가이다. 우리나라의 많은 직장인들은 따돌림과 정신 건강 악화에 시달린다. 대인관계는 직장 생활에서 행복을 느끼는 중요한 요인이지만, 대부분의 직장인(86.6%)이 따돌림을 경험하고 있는 것으로 나타났다. 따돌림을 당한 사람은 그렇지 못한 사람보다 직무만족의 저하나 탈진은 1.5배가 더 많다(서유정, 2013). 정신질환의 진료를 받는 환자 수는 2010년 기준으로 231만 명인데, 이는 2004년 대비 1.4배가 증가하였다(이승철 외, 2012). 2013년 기준, 한국 평균 근로시간 멕시코에 이어 세계 2위로 OECD 평균 근로시간 1.26배 수준으로 1일 8.7시간으로 대부분의 시간을 직장에서 보내고 있다(http://merrow.tistory.com/330).

이를 감안하면 직장에서의 행복이 한국인의 전반적인 삶의 행복에 지대한 영향을 미치고 있다는 것을 알 수 있다. 파급 효과의 이론(Spillover)에 의하면 직장에서의 보람과 성취감은 가정 생활에서도 긍정적인 정서로 파급된다는 것이다(유지수·장재윤, 2011).

자신이 행복하지 않으면 주변 사람에게 부정적인 영향을 미친다. 자기자신이 행복해야 자신의 주위에 있는 부모, 자녀, 동료, 친구 등을 돌아볼수 있고 이들에게 기쁨과 웃음을 줄 수 있다. 행복은 정신 건강과 신체 건강에 지대한 영향을 미치고 자신감을 촉진시킨다. 나아가 이는 사회적인자본으로 형성되어 국가 및 회사의 생산성에도 영향을 미친다.

2. 자신에게 의미를 찾는 것이 중요

행복한 직장인은 직장 생활에 대한 만족감이 높고 직장이 즐겁고 가치가 있다고 생각한다. 항상 에너지가 넘치고 자주 웃고 일에 대해 즐거워한다. 이를 주변 동료에게 긍정적인 감성을 전파해서 일을 즐거움과 가치를 가지게 한다. 특히 회사에 안락하고 편안한 휴식 공간이 잘 조성되어 있으면 직원들의 행복감은 높일 수 있다. 일에 파묻혀 지치거나 피로함을 느낄 때 잠시 휴식을 통해 좋은 컨디션 회복을 할 수 있다.

또한, 자신의 업무에 보람을 찾을 수 있다. 자신의 업무가 회사나 국민들에게 유익하고 그로 인해 국가가 부강해진다고 생각한다. 그래서 단지 봉급을 위해 어쩔 수 없이 회사에서 일한다는 생각보다 이 일로 인하여 국민들이 잘살고 편한 하다는 소명의식으로 발전된다. 더욱 발전적이고 진보적인 업무를 위해 지속적인 업무 연찬을 한다. 이를 통해 자신의 강점을 새롭게 발견하고 일에 몰입함으로써 스스로 성장한다고 느끼고 동료들과도 좋은 유대감을 형성시켜 행복감을 찾아간다.

그리고 회사와 상사는 나의 발전과 성장을 적극 지원한다고 생각한다. 이를 통해 승진도 하고 행복한 가정을 이루게 할 수 있다. 조직의 지원과 상사의 리더십은 직장인의 행복에 큰 영향을 미친다. 개인의 노력에 조직과 상사의 지원이 더해지면 직장인의 행복도는 매우 증가한다. 어려운 일이 있을 때 믿고 의지할 수 있는 직장 내의 친구 관계도 중요하다. 행복한 직장인은 3.3명의 직장 친구가 있으며(예지은 외, 2013), 직장 친구가 많은 경우는 행복감이 더욱 증가한다. 또한, 동호회의 가입 등을 통해 적극적인 인간관계를 확장한다. 동호회 활동을 통해 즐거움을 느끼면 이 역시도 행복도가 상승한다.

3. 의식적으로 긍정 감성 유지

행복한 직장 생활을 영위하기 위한 맞춤형 실천 프로그램(예지은, 2013)으로 첫째, 의식적으로 좋은 말과 좋은 표현을 유지하는데 노력한다. 상대방이 듣기 좋은 말이나 조금 자신의 생각과 벗어난 것이라고 공감하고 인정하는 언어사용을 습관화한다. 험담과 냉소적인 표현을 줄이고 상대방의 좋은 면을 찾아 긍정적인 말을 많이 하도록 노력한다. 특히, 가장 치명적인 것은 동료 직원이나 상사를 험담해서는 안 된다. 자신도 모르게 습관으로 굳어져 있는 부정적인 말을 긍정적인 표현으로 바꾸어 사용하도록 한다. 예를 들면 "이것도 못해? 바보같이…"라는 말을 "이렇게 다시 해 보면 어때요?"라고 순화해서 표현한다.

또한, 가능한 많이 웃고 즐거운 감성을 유지한다. 웃음은 몸에 좋은 호르

몬(세로토닌 등)을 활성화하고 스트레스를 해소해 건강을 증진한다고 한다. 웃음은 스트레스를 줄여주고 딱딱한 분위기를 부드럽게 하는 등 생활을 활력소가 된다는 잘 알려져 있다.

회사는 상사는 직원들에게 폭언, 왕따, 과도한 음주 등 부정적인 조직 문화 개선에 노력하여야 한다. 폭언이나 인격 모독, 비윤리적인 지시 등 대해 철저히 관리하고 수시로 모니터링을 하여야 한다. 또한, 일 처리가 익숙하지 않아 어려워하는 사람을 조금 도와주고 내가 앞서 인사하기 등 직원 상호 간의 배려와 존중하는 조직 문화를 만든다. 미국 실오츠너 병원에서는 '10/5 Way'라는 법칙을 만들어 동료가 10피트(약 3m)안에 들어오면 "안녕하세요."라고 인사하도록 규범화 했다(리즈 호가드, 2006, 이경아(역), 삼성경제연구소 재인용, 2013).

둘째, 건강 관리에도 만전을 기한다. 직장 생활을 하면서 적은 시간이라도 가벼운 운동 등을 통해 신체 에너지 활력을 도모한다. 팔다리 굽히기, 스트레칭, 5분 체조하기 등 자신만의 작은 규칙을 만들어 시행한다. 또한, 산책, 취미, 여행 등 적극적인 여가 활동을 하도록 한다. 점심시간에는 산책, 탁구, 명상, 음악, 잡담 등 잠시 일을 떠나 새로운 활력을 불러 넣을 수 있는 취미를 개발한다.

셋째, 하고 있는 일에 대해 자긍심과 자부심을 가진다. 주어진 업무를 그대로 받아들이는 것이 아니라 내가 이런 일을 함으로써 회사가 발전하고 나의 성장이 된다는 의미와 가치를 부여한다. 또한, 자신의 책상을 청결히 하고 별로 중요하지 않다고 생각하는 참고서류, 책자를 과감하게 없애 업무의 간소화에 노력한다. 자기 일에서 불필요한 업무를 과감하게 제거해 나간다. 병원에서 근무하는 청소원을 관찰한 결과, 청소 외에 환자와 대화를 나누고 간호사를 도와주는 등 자신의 임무 이외의 업무를 수행하는 청소원이 다른 청소원보다 업무 만족도가 높다고 한다(예지은, 2013). 이는 스스로 자기 일에 대해 의미(Meaning)를 부여하고 소명(Calling) 의식을 재고하기 때문이다. 자신이 하는 일이 세상을 좀 더 좋은 곳으로 바꾸는 데 기여한다고 생각하여야 한다.

3살부터 스케이팅을 탔던 김연아 선수는 자신을 위해서만 연습과 훈련을 하지 않았다. 그녀는 처음에는 자신의 부모님을 기쁘게 해드리기 위해 그렇게 했고, 나중에서는 오직 피겨 스케이팅의 불모지인 한국인의 강인함과 우수함을 세계인에게 보여주기 위함이었다. 김연아의 성공에는 한국인들은 불가능하다는 피겨에서 금메달을 꼭 타서 국가와 민족에 이바지하겠다는 그녀의 강한 열정이 크게 작용했을 것이다. 금메달 확정과 동시에 태극기를 온몸에 감고 환희 눈물로 부모님이 아닌 국민들께 감사드린다고 한 그녀의 모습을 통해서 이를 알 수 있다.

자신의 이름을 높이는 일신적인 명예보다는 그녀의 성과가 국가에 기여하리라는 높은 사명이 목표 달성에 작용했다고 본다. 이처럼 누구나 그러한 과정을 거치면 일하는 것을 더 즐기며 열정을 다 할 수 있다[36].

일을 바라보는 세 가지 관점이 있다. 첫째는 직무(job)로 보는 것으로 이는 일이 주는 금전적 보상 때문에 일을 하며 일 이외의 다른 것에서 열정과 재미를 추구하는 관점이다.

둘째는 경력(Career)으로 보는 관점으로 이는 명성, 권력, 출세, 그리고 개인의 발전과 인정을 위한 수단이라고 생각하는 것이다.

세 번째는 소명(Calling)으로 보는 관점으로 이는 자신이 하는 일이 특별한 의미, 개인뿐 아니라 사회에 기여하고 있다고 여긴다(자료, 박정효, 송단비 (역), 2010, 행복의 정석, 삼성경제연구소, 2013, 재인용).

---

36) Connelu, U.(2000), All together now, Gallup Management Journal, 2.

직장 내에서 자신의 행복은 동료와 함께 공유하도록 해야 한다. 긍정적인 감성은 전염시키고, 부정적인 감성은 다른 사람에게 옮기지 않도록 세심한 관심을 기울여야(임명기, 2013)한다.

그리고 동료가 승진이나 좋은 성과 등 기쁜 일이 있다면 적극적으로 축하해주어야 한다. 우리나라는 弔辭 등 슬픈 일만 꼭 위로해줘야 한다고 생각하고 좋은 일은 그냥 지나쳐도 된다는 인식이 있다. 그러나 좋은 일에 축하해 주면 행복이 훨씬 더 크다는 것이다.

리더의 말과 표정은 조직의 정서와 분위기에 많은 영향을 끼치기에 유의해야 한다. 리더가 화나서 짜증을 자주 내는 부정 감성을 자주 표현한다면 조직 내에 부정 분위기가 만연하게 된다. 반면 격려, 칭찬 등 긍정적인 감정을 자주 표현한다면 조직은 밝고 어려움이 처할 경우, 한번 해보자고 하는 조직원의 결속력과 역량이 한데 모아 위기상황을 쉽게 극복 하게 한다.

4. 자신의 강점을 찾는 것이 가장 중요

또한, 자신의 강점이 무엇인지를 분석하고 업무 연찬을 통해 이를 항시 개발하는 것도 중요하다. 스스로 자신의 강점을 파악하고 이를 활용할 수 있는 일을 수행하는 것이다. 자신의 강점을 잘 활용할 줄 아는 사람은 그렇지 않은 사람에 비해 성공할 확률이 1.9배가 높다(박래효, 조영만(역), 2009, 긍정조직학). 자신의 강점이 무엇인지를 파악하고 업무와 연결하여 꾸준히 자기계발을 한다.

일정 기간 업무를 함께 수행한 동료로부터 자신의 강점에 대해 일정 기간 평가를 받는 것도 좋은 방법이다. 재능을 강점으로 바꾸기 위해서는 지속적인 연습이 필요하다. 플로리다 주립대 에릭슨 교수는 다양한 분야의 우수한 개인들을 연구한 결과, 이들이 최소 10년 이상 일상적이고 계획적인 연습을 했음을 확인하였다(예지은 외, 2013). 이처럼 회사는 직원의 강점에 맞는 업무를 부여하고 강점을 향상할 수 있는 교육 및 훈련 기회를 제공해야 한다.

그리고 직원의 잠재적인 역량을 업무에 구체적으로 활용할 수 있도록 지원해야 한다. 강점을 활용하면 학습 속도가 빨라져서 업무 효율성이 제고된다(임영기, 2013). 하지만 관리자들은 직원들이 잘하는 것은 당연한 일이고 부족함을 찾아 지적해주어야 한다는 것에 익숙하다. 칭찬은 고래도 춤춘다는 말이 있듯이 잘못을 지적한 것보다 강점을 부각하는 지혜가 필요하다.

또한, 서로 도움을 주고받는 인간관계를 형성해야 한다. 직장 업무상의 동료 관계를 뛰어넘어 믿고 의지할 수 있는 친구를 만들면 행복도가 높아진다. 직장에 친구가 있는 사람은 친구가 없는 사람에 비해 업무에 몰입할 가능성이 7배가 높다(성기홍(역), 2011, 웰빙 파인더).

동료에게 친절을 베풀거나 자신이 도움을 받은 고마운 일에 대해서 감사의 표현을 한다면 인간관계가 확장될 것이다. 자신에게 돈을 쓰기보다는 선물을 하거나 기부를 하는 등 친절을 베푸는 데 돈을 사용하면 행복감을 더욱 증가하고, 기부를 하면 6~8주가 지나도 행복감이 유지된다는 연구 결과가 있다.(박정효, 송단비, 2010, 행복의 정석)

재능 기부 등 자신 강점이나 역량을 활용하여 기부하면 행복도가 더욱 올라가는 것이다. 회사는 직원 간 관계의 질을 높이고 동료 관계를 확장토록 취미 클럽, 동호회 등을 지원한다.

5. 행복의 주체, '나'라는 명확한 인식 중요

행복의 주체는 항상 나 자신에게 있음을 인식해야 한다. 동일한 직장에서 일을 하더라도 상황을 바라보는 관점과 행복을 추구하는 노력에 따라 개인마다 행복의 크기가 달라질 수 있다. 행복을 추구하는 것은 직장인의 특성상 개인의 노력만으로는 한계가 있으며 조직의 지원이 필요하다.

작은 것이라도 일상생활에서 행복을 높이는 방법을 찾아 실행해야 한다. 연봉보다는 일상생활에서의 웃음, 의미 부여 등 자신의 관점에서 노력이 행복에 더 큰 영향을 미친다. 이것이 금전적인 보상이 아닌 내재적인 보상인 위안, 격려 등 변혁적인 리더십이 필요한 이유이다. 멀리 이상적으로 보이는 행복을 쫓기보다는 의미가 있는 업무와 직장 내의 인간관계를 통해 행복을 추구해야 한다.

리더는 직원들의 행복에 관심을 두고 정기적인 업무 진단을 해야 한다. 그리고 행복을 낮추는 부정요인을 파악해 개선하며 행복 프로그램의 개발에 지원해야 한다. 그리고 일률적인 효율화나 저조한 사업을 개선하는 데 집중하기보다는 강점을 배가할 수 있는 부분에 투자하는 것이 좋다. 이는 동일한 리모델링 비용에도 불구하고 매출이 높은 매장이 낮은 매장에 비해 7배 이상 더 높은 수익을 창출할 수 있는 것에서 잘 알 수 있다(박래효 등, 2009).

제2장 이동, 배치에서의 수칙과 처세 능력

1. 3개월 안에 능력 입증

이동은 새로운 도전과 기회이다. 하버드대 교수인 마이클 '왓킨스'는 "대통령은 100일 안에, 우리는 90일 안에 능력을 입증해서 보여줘야 한다." 라고 했다. 이동은 새롭게 시작하고 변화와 성과를 창출해낼 절호의 기회이다.

최단 시간에 업무를 파악하고 목표와 수단을 통해 초반에 성과를 내도록 승부해야 한다. "작은 차이로 천 리를 앞서 나간다."라는 말이 있다. 전보의 초기에 조금 더 몰입, 집중, 성실하게 함으로 나중에는 엄청나게 큰 성과를 낼 수 있는 시기이다. 이처럼 이동은 상황 진단, 성장과 적응, 열정, 인정을 받을 수 있는 시기이다.

이동 시에는 과거의 것을 버리고 새로운 상황을 수용하고 유연한 마인드를 지녀야 한다. 조직원 간의 신뢰를 쌓는 선순환 창출에 역점을 두어야 한다. 초기 성과를 확보하고 생산적인 업무의 추진에 만전을 다 하여야 한다. 또한, 지혜롭게 업무를 추진하는 것도 중요하다. 한꺼번에 너무 많은 업무가 쏟아지면 가장 중요한 현안이 무엇인지 파악하는 것이 필요하다. 빨리 행동을 취해 빨리 성과를 내야 한다는 강박감에서 벗어나야 한다. 미리 답을 정해 놓고 새로운 상황에 발을 디뎌서는 안 된다. 나만의 규칙을 정하고 되돌아보는 자기 성찰의 자세가 필요하다.

또한, 지시 업무에 대해 최선을 다하고 집중 업무시간을 확보 해두며 보고 등 절차에 의해 추진해야 한다. 자신을 성공적으로 잘 통제하고 있는가를 수시로 성찰하며 현재까지 계획, 인간관계 등 마음에 걸리는 것이 있는가 되돌아보는 자세도 필요하다. 그렇게 해서 아쉬운 것이 있으면 즉각 바로 잡도록 한다.

2. 이루고자 한다면 죽을 각오로 실천

그러면 어떻게 할 것인가가 매우 중요하다. 이것은 삶의 지혜와 직결되는 사항이다. 우리가 자신의 넘어서 성공으로 이어가기 위해 첫째, 이루고자 한다면 죽을 각오로 실천하라는 것이다. 이 세상은 위대한 진실이 하나 있는데, 무엇인가를 온 마음을 다해 원한다면 반드시 그렇게 된다는 것이다. 온 우주는 우리들의 소망이 실현되도록 도와준다. 그리고 그것을 실현하는 게 우리가 맡은 임무이다.

둘째, 운명을 바꾸고자 한다면 역동적으로 움직여야 한다. 작은 걸음이 모여 큰 걸음이 되고 언젠가는 성공의 문 앞에 이를 것이다. 그러기 위해서는 앞서 실천하여야 한다. 실천은 또 다른 실천을 낳는다. 성공하는 사람을 주저함이 없이 실천한다. 얻고자 한다면, 이루고자 한다면 죽을 각오로 실천하는 것이 매우 중요하다.

셋째, 주어진 환경에서 최선을 다하는 마음가짐도 중요하다. 주어진 환경은 과거에도 그랬고, 오늘도 내일도 변하지 않는다. 부정은 더 큰 부정을 낳고, 긍정은 더 큰 긍정을 낳는 법이다. 머뭇거리는 동안에 기회가 날아간다. 비가 온 뒤에 씨앗을 뿌려야 한다. 해명하고 포기할까 고민하는 시간에 바로 시작해서 그 일을 마치는 것이 현명하다.

넷째, 성공 여부에 연연하지 말아야 한다. 염려는 발목을 잡는 가치 없는 고민이다. 신은 견뎌 낼 수 있는 시련만 주시니 이는 능히 해낼 수 있다.

다섯째, 할 수 없다고 한계를 정하지 말아야 한다. "해보겠습니다."라고 큰소리쳐라. 아는 척하는 게 부끄러운 것이지, 모르는 것은 부끄러운 것이 아니다. 물어라! 모르는 것을 묻는 지혜가 필요하다.

여섯째, 자신을 믿어야 한다. 자신을 믿지 않으면 아무것도 할 수 없다. 일이 안 풀릴 때에 생기는 불안함을 인정하고 받아들여야 한다. 시간이 언제나 당신을 기다리고 있다고 생각하지 말아야 한다. 하루하루 전력을 다하지 않고서는 그날의 보람은 없을 것이며, 동시에 최후의 목표에 능히 도달하지 못할 것이다[37]. 게으르게 걸어도 목적지에 도달할 날이 있을 것이라는 생각은 잘못된 것이다.

일곱째, 패한 사람이 실패자가 아니다. 희망을 포기한 사람이 실패자라고 생각하고 일에 임해야 한다. 성공하지 못하는 이유는 끈질기게 매달리지 않아서다. 좋아하는 일을 할 때에 많은 기회가 주어지고 가능성도 높아지는 법이다. 가슴을 고동치게 만드는 일이 바로 성공의 지름길이다.

또한, 정직하게 경쟁하여야 한다. 부정적인 마침은 파멸로 이끌 뿐이다. 업무 시간에 수시로 잡담이나 하고 인터넷 쇼핑을 하거나 칼퇴근을 요구하며 노동 착취라고 불만을 쏟아 내는 사람은 인정받기가 힘들다. 인사고과가 좋지 않아 승진을 못 하고 상사에게 인정을 받지 못하는 이유는 모두 자기 중심으로 살아왔기 때문이다.

마지막으로, 열심히 일하고 연찬해야 한다. 간디는 "공짜 나눔은 가난, 범죄, 나태함을 부추기는 원인이고 전통이 된다."라고 하였다. 일하지 않는 사람은 원하는 것이 있어도 참아야 한다. 대가를 바라는 마음이 커지면 상대적으로 열정이 식어버린다. 기존 지식은 5년 안에 폐기되므로 끊임없이

---

37) 괴테, 『젊은 베르테르의 슬픔』

연찬해야 한다. 일의 성공과 실패는 조건이 아닌 지속적인 연찬에 좌우한다. 어떤 분야에 성공하려면 많이 알아야 한다. 사람은 몸으로 늙은 것이 아니라 마음으로 늙는다.

3. 적극적으로 일하고 책임을 회피 말아야

직원들이 갖추어야 할 덕목으로는 첫째, 명확한 규칙을 정하는 것이다. 맡은 일을 열심히 하면서 리더를 진심으로 섬기는 자세가 필요하다. 누가 지켜보든 말든, 남이 방해를 하든 말든 자신의 원칙에 따라 행동하는 자세가 필요하다. 실적은 미미하지만 조직 문화와 방침을 준수하는 조직원은 새로운 기회를 갖는다. 행동 원칙을 정하지 못하겠다면 성공한 사람의 원칙을 모방하도록 한다. 용감해지려면 용감한 척 행동을 하면 된다.

둘째, 주어진 일, 시키는 일만 하지 말아야 한다. 업적이 될 만 일을 적극적으로 하고 책임을 회피하지 않는다. 최종 기일은 반드시 지키고 중간보고는 요구받기 전에 한다. 먼저 인사하고 꾸중을 들어도 티를 내지 않는다. 회의할 때, 가능한 먼저 의견을 내놓고 문제가 생기면 핑계 대지 않고 밤샘을 하여서라도 완성한다.

숨겨진 재능은 아무런 가치가 없다. 자신이 하는 일에 큰 가치를 부여하는 것도 매우 중요하다. 아스팔트 틈새에 핀 작은 꽃은 절망에 빠진 사람에게 희망을 줄 수 있다. 이처럼 사소하게 생각했던 일도 무심히 넘기면 아무것도 아니지만, 가치를 부여하면 중요한 의미를 지닌다.

셋째, 상사와의 관계에서 하지 말아야 할 것을 알고 행동하여야 한다. 전임자의 과거를 비난하지 말고 상사와 거리를 두지 말아야 한다. 상사를 변화시키려 하지 말고 상사 스타일에 맞추어야 한다. 과거 실적을 자랑 말아야 한다. 상사를 찾을 때는 무엇을 할지 모를 때나 무엇을 해줄 일이 있을 때만 찾아가도록 한다.

넷째, 상사와의 관계에서 해야 할 일로는 새로운 상사와 관계를 맺고 초기 성과를 얻어 낼 시점을 포착하는 것이다. 상사와 협력 관계를 구축하고 문제에 대해 자신이 100%를 책임져야 한다. 상사와의 협의를 통해 진단과 계획 수립에 필요한 시간을 확보하여야 한다. 상사가 중요시하는 영역에서 초기 성과를 거두도록 주력하는 것이 매우 중요하다.

4. 원칙과 믿음을 주는 리더가 되어야

그리고 리더가 갖출 덕목으로는 첫째, 정확한 원칙을 세우는 것이 중요하다. 그리고 기존 업무에서 손을 떼는 시점을 명확히 하여야 한다. 자신의 약점을 파악하고 강점에 대해 겸손해하며 인적 네트워크를 재구성하고 성과를 막는 이들을 관리하여야 한다.

둘째, 출발점에서 직속부하에게 해야 할 질문을 잘해야 한다. '우리 조직이 당면한 가장 큰 과제는…'/ '그러한 과제가 발생한 이유는…'/ '발전을 위해 아직 활용하지 않는 것은…'/ '이러한 기회를 활용하기 위해 조직은 어떻게 해야 하나…'/ '만약 당신이 나라면 어디에 관심을 집중하겠는가?' 등을 묻는다.

셋째, 목표 달성을 위해 지나치게 무리를 하지 말아야 한다. 무리한 목표로 조직을 해쳐서는 안 된다. 앞당기려는 조급한 마음을 가지면 직원들을 심하게 닦달할 수 있음에 경계하고 주기적으로 상황을 분석하고 무리하면

궤도 수정이 필요하다.

넷째, 부임초기에는 직원들의 신뢰를 얻어야 힘이 생긴다. 초기 메시지에는 향후의 계획까지 포함할 필요가 없다. 다만 어떤 사람인지, 어떤 가치와 어떤 목표를 중시하는지, 앞으로 어떤 방식으로 일해나갈 것인지에 대해 자기 암시가 필요하다.

다섯째, 믿음을 주는 리더의 행동이 필요하다. 분명히 요구는 하더라도 만족할 줄 알아야 한다. 쉽게 다가갈 수 있지만 지나치게 친 해서는 않는다. 조직의 위계에서 큰 혼란이 올 수 있기 때문이다. 결단력이 있지만 신중하고, 집중하지만 유연해야 한다. 적극적이지만 분란을 일으키지 않고, 기꺼이 결단을 내리되 인간미를 잃지 않는다.

여섯째, 가시적인 성과를 내기 위해 계획을 구성한다. 장기 목표를 유념하고 몇 가지 유망한 사업을 찾아내어 전력을 다하여야 한다. 시범 프로젝트를 착수하되 활력과 의욕을 북돋우도록 기획하여야 한다. 변화를 주도할 인물을 배치하고 승진, 희망을 품게 하도록 한다. 시범 프로젝트를 조직에 새로운 행동을 전파하는 발판으로 삼아야 한다.

5. 처음부터 최선을 다해야

보직 이동은 새롭게 시작한 시기로 자신의 변화를 이끌어 낼 기회이지만, 새로운 인간관계 구축 등이 자신의 입지가 매우 취약 해지는 시기이다. 실패하면 자신을 부각할 기회를 잃고 조직의 건전성에 큰 위해를 가할 수도 있다. 하지만 성공하면 자신의 능력뿐만 아니라 조직 발전에 이바지한다. 나중에 따라 잡겠다는 작전은 성공하기 어렵다. 마라토너처럼 처음부터 최선을 다해 열심히 뛰어야 한다. 따라서 보직 이동을 했다면 90일 전에 반드시 무엇인가를 보여주도록 한다.

성공을 거두려면 자신만의 경쟁력이 있어야 한다. 경쟁력이 없다면 열심히 뛰어도 중간에 낙오할 것이다. 경쟁력은 거창한 것이 아니라 어학 실력, 긍정적인 성격, 신속한 일 처리, 성실함, 노력과 실천에서 비롯된다. 그 외에도 갖추어야 할 것들은 미리 치밀하게 계획하여 접근하고 자신이 하는 일에 믿음과 자부심을 가진다. 그리고 미련하다 할 정도로 열정을 가지고 매달리며, 스스로 매섭게 채찍질할 때에야 성공적으로 도약할 수 있을 것이다.

제3장 자기 성공의 르네상스 학

1. 실력, 실력을 갖추어야

실력은 거짓말을 하지 않는다. 그것은 현재의 위치에서 당당해지고 자신 있게 살아가는 무기로 작용한다. 우리는 흔히 든든한 배경이 없어 성공을 못 했다고 한다. 그리고 어떤 사람은 능력은 없어도 아버지의 배경으로 출세했다는 말을 듣는다. 그러나 실력은 대통령이나 왕의 연줄보다 더 강하고 유용하다. 실력이 없다면 아무것도 할 수 없다.

실력은 기본기를 익힌 역량을 통해 이루어진다. 어쩌다 우연히 성과를 낸 것은 행운이지, 결코 역량이 아니다. 역량은 지속적인 성과를 내는 일의 근육이다. 한번 체질화되면 두고두고 써먹을 수 있다. 역량은 치열한 삶의 방식을 정성과 몸으로 터득하는 것이다. 여우처럼 이리저리 눈치 보며 쉽게만 하려는 생각을 처음부터 버려야 한다. 제대로 된 성과는 고객과 조직에 공헌하는 것이다. 불확실성과 불안에 대한 의심을 떨쳐 버리고 새롭게 마음을 가다듬어야 한다.

우리는 성장은 언덕이 아니라 계단이라는 자세로 임하여야 한다. 체감할 수 없다고 초조해하지 말고 한 걸음씩 힘차게 내딛는 것이 필요하다. 벽에 부딪혀 상처를 입을 것인가, 벽을 넘어 성장할 것인가를 판단하여야 한다. 역량은 단기간에 반짝 열심히 한다고 해서 얻어지지 않는다. 계단처럼 순간순간 작은 성공을 경험함으로써 스스로 동기를 부여하여야 한다. 슬럼프는 다음 단계로 가기 위한 마지막 관문이다.

인간은 성공하기 직전이 가장 힘든 법이다. 해가 뜨기 직전이 가장 어두운 것처럼 고생은 고생대로 하지만, 막상 어느 정도 성과가 나려는 찰나에 많이들 포기한다. 많은 사람들은 마지막 순간을 버티지 못하고 무너진다. 폭풍우가 쏟아진 뒤의 눈부신 하늘처럼 힘든 과정의 보상은 반드시 있기 마련이다.

2. 나의 역량은 무조건 회사에 맞추어야

우리는 다니는 직장에 연봉의 3배 이상을 기여해야 한다. 회사는 자선단체가 아니라 성과를 내야 하는 조직이다. 급여는 그 액수만큼의 가치를 해내야 받을 자격이 있다. 돈을 받고 일한다면 회사에 합당한 가치를 생산해야 한다. 나의 연봉은 회사가 확보해야 하는 이익과 나와 회사의 미래 투자의 몫이다. 우리는 연봉 이외에 사무실 임대 비용, 전기 통신비, 수도비 등 많은 부대 비용을 발생시킨다. 그러므로 회사에 있는 동안 내 시간은 회사 것이다. 무보수의 봉사활동이 아니라 보수를 받은 만큼 합당한 대가를 해야 한다. 축구선수들은 경기장에서 한눈팔거나 움직이지 않으면 패배한다. 일도 마찬가지다. 일은 투여하는 시간만큼 비례해서 커지기 때문에 업무 몰입을 떨어뜨리는 어떤 일도 해서는 안 된다.

항상 고민하고 성실하게 노력해야 한다. 그리고 직원은 리더의 비전에 맞춰야 한다. 회사가 직원의 비전에 맞출 수 없다. 회사의 비전에 당신을 맞춰야 한다. 나의 비전이 아닌 회사 비전 실천에 최선을 다해야 한다. 회사의 주인은 바로 우리들이다. 회사는 나를 결혼시키고, 자녀들을 키우게 하고, 나의 존재와 가치를 키우고, 나를 성장시키는 고마운 조직이다. 회사를 욕하고 리더를 비난하는 것은 제 머리에 침을 뱉는 것이다. 내 회사, 내 사장을 욕하는 것을 듣고만 있지 말아야 한다.

회사의 현재만 보지 말고 뼈를 묻는다고 생각하고 일하여야 한다. 회사는 준비된 조직원에게 더 기회를 준다. 준비된 선수는 벤치에서 워밍업을 하지 않고 쉬지 않는다. 회사는 작은 시련에 주저앉는 직원에게 큰 일을 맡기지 않는다.

한 때는 적이었더라도 회사목표와 비전에 동조하고 연구하면서 연찬하는 직원에게 큰 소임을 부여한다. 땀은 비타민이라는 믿음을 가져야 한다. 그리고 "공든 탑은 무너지지 않는다."라는 신조를 지녀야 한다. 벼락처럼 온 행복은 불행보다 더 가혹한 시련이다. 노력없이 얻어지는 것은 나를 망하게 하는 독약이다. 애덤 스미스는 "세상에서 가장 가치 있는 것은 땀과 일로 일군 대가이다."라고 하였다.

3. 회사를 성장시키고 나의 성공을 이끄는 마인드 가져야

상사를 진심으로 존경하고 따르는 마음이 중요하다. 상사의 표면적인 지시가 아니라 그가 의도하는 것이 무엇인지를 파악해야 한다. 대부분의 상사는 지시는 해도 마음속의 깊은 원함(Want)까지는 표현하지 않는다. 그것을 누가, 언제 캐치하는가에 따라 일의 완성도가 판가름 난다. 상사가 일을 요청할 때는 그 일과 관련된 다양한 상황을 고려할 필요가 있다.

그래서 상사의 지시에 대해 항상 메모하고 질문하는 습관을 가져야 된다. 상사의 말이나 행동에서 드러나는 암시를 놓치지 말고 적어야 한다. 핵심을 찌른 메모는 일을 쉽게 돌파할 수 있는 실마리를 제공한다. 그리고 메모를 잘하기 위해서는 잘 듣는 것이 중요하다. 주관적인 판단이 따라 주먹

구구식으로 해석해서는 안 된다.

또한, 상사와 함께 일을 공유하도록 한다. 보고를 자주 한다고 짜증 낼 사람은 없다. 업무상황은 상사와 투명하게 공유하여야 한다. 역량계발에 상사를 적극적으로 참여시키고 스스로에 대한 과대평가를 경계하여야 한다.

상사에게 먼저 다가가라. 시켜서 억지로 일하지 말고 찾아서 즐겁게 일해라. 상사는 자신의 숨겨진 의도를 알아주기 내심 원한다. 상사의 목표를 알고 상사의 요구를 읽고 의중에 맞게 행동해야 한다. 리더에게는 특출난 경험과 인내, 탁월한 성과와 역량 등 우리가 모르는 혜안이 있다. 상사의 전략을 배워야 한다.

상사의 독수리와도 같은 눈을 필요할 때 활용한다. 그들은 우리가 알지 못한 맥을 짚어낼 것이다. 상사를 진심으로 상사로 존경하여야 한다. 그는 나의 성공을 이끌어 줄 든든한 연줄이다. 그래서 나라님 욕은 해도 상사의 욕은 하지 말아야 한다. 욕하면 상사는 다 알고 있다.

상사에 대항하지 말고 내가 맞추어야 한다. 상사에게 혼남은 진심으로 즐거워해야 한다. 애정 없는 상사는 야단도 치지 않으므로 나를 혼내는 상사에게 감사해야 한다. 그리고 상사의 꾸지람을 하루 내에 개선한다.

4. 잠재 역량 개발, 실력을 겸비하고 도전 의식, 맥을 찾아 업무 추진, 유통기한 준수

조직원들은 잠재 역량 발휘에 힘을 모아야 한다. 조직원에서 발휘하는 역량은 30% 수준이다. 나머지 70%는 잠자고 있다. 이것이 잠재 역량이다. 나머지인 70%인 잠재 역량 발휘에 지혜를 모아야 한다. 일에 대해 나만의 소신과 논리를 가져야 한다.

잠재 역량을 실행하는 방법은 새로운 가치를 제공하는 아이디어를 더하고 창의적이고 혁신적인 방법으로 결정하는 것이다. 나만의 주관대로 밀어붙여서는 안 된다. 일하는 데 있어 실패가 두려워서 시작조차 하지 않아서는 안 된다.

성공은 2천번의 실패를 요구한다. 조직은 실패하는 사람을 품어도 도전하지 않는 사람과 함께하지 않는다. 실패를 경험해봐야 성공의 단맛을 제대로 알 수 있다. 그리고 남들이 안 한 것, 무릇 도전을 즐기는 사람만이 탁월한 성과를 낼 수 있다. 아무리 맛있는 음식도 유통기한이 있다. 아무리 좋은 보고서라도 시기를 놓치면 무용지물이 된다. 그래서 하루, 한 시간, 한 박자 먼저 일을 완료하여 보고한다.

목표가 무엇인지를 알지 못하면 배가 산으로 간다는 사실을 인식하여야 한다. 정확한 목표와 우선순위를 가지고 일해야 한다. 회사에서 가장 문제가 많은 직원은 일을 제대로 못 하면서 부지런한 사람이다. 바빠 죽겠다는 사람은 일의 우선순위를 모르고 허둥대는 사람이다. 상사는 지금도 기다리고 있기에 진행과정에 관하여 항상 소통하여야 한다. 떠오르는 즉시에 말하는 것이다. 아니면 영원히 입을 다물어야 하는 것이다.

의견이 있으면 당사자 앞에서 정정당당하게 말한다. 속으로 불만을 더 키우지만 말고 하고 싶은, 해야 할 말은 정당당당히 한다. 의견이 있으면 술자리에서 말하지 말고 회의시간과 같은 공식적인 자리에서 예의를 갖춰서 말하여야 한다. 그렇게 고민과 생각을 업그레이드해서 반복적으로 설명하면 창의적인 아이디어를 얻는다.

5. 나만의 무기 개발

조직원들은 프로와 같이 최고의 전문가가 되어야 한다. 정말로 최선을 다하여야 한다. 직장을 가짐으로 우리는 결혼도 하고, 자식을 키우고, 개인의 발전도 한다. 자신 사진과 이름을 온갖 방법으로 멋지게 자신의 이미지 메이킹한 명함을 만든다. 그것을 고객이나 지인에게 자랑삼아 내밀고 '나 이런 사람'이라고 자랑하면서 자부심을 느끼도록 한다. 부모님들은 그 직장에 몸담아 있는 아들, 딸에게 매우 긍지를 가지고 지인들에게 매일 자랑하는 것으로 일상을 보낸다. 이렇듯 직장이 개인에게 주는 혜택은 이루 말할 수 없이 많다.

실제로 직장인들은 자신에 누릴 수 있는 온갖 혜택을 다 동원해서 이용하지만, 직장에서는 그다지 최선을 다하지 않고 있다. 보편적으로 직장인들은 직장에서 20%는 최선을 다하고 온갖 혜택을 누린다. 하위 20%는 불만 속에서, 60%는 평균 수준에서 평범하게 하루를 보내고 있다. 그러나 숫자는 언제나 바뀌는 법이다. 자신이 얼마나 긍지를 가지고 전문성을 갖느냐에 따라 직장 생활은 달라진다.

나만의 무기를 개발하고 지금까지의 나를 넘어서야 한다. 외국어를 잘하거나, 기획력이 탁월하거나, 아니면 디자인, 유머감각 하나라도 탁월해야 조직에 기여할 수 있다. 이러한 일을 변변치 못하면 복사, 회의 준비, 정리 정돈, 심부름이라도 잘해야 필요한 조직원으로 가치를 인정받는다. 항상 긍정적으로 생각하고 누구보다 앞서 솔선해야 한다.

이번 2015년 일본 시리즈에서 한국인 최초로 MVP가 된 이대호 선수도 한때는 보잘 없는 야구선수였다. 그는 어릴 적부터 형과 할머니와 함께 살았다고 한다. 할머니가 형제들의 뒷바라지를 다 해주셨는데, 제대로 효도를 못 해 드린 것 같아 죄송하다고 말했다. 할머니는 그가 고등학교 2학년 때에 사망했다. 고모 집에서 함께 살았는데, 연습 후에 고모 집에 갔더니 할머니가 그날 돌아가셨다는 말을 듣고 하늘이 무너지는 느낌을 받았다고 한다. 그는 할머니에게 효도하려고 최선을 다해 야구를 한 것이라고 했다.

하지만 그는 2001년 롯데 자이언츠에 입단할 때에도 변변치 못한 선수였다. 그렇지만 무릎 연골이 파열될 정도로 엄청나게 훈련을 했고 그때 다친 허리는 지금도 좋지 않다고 한다. 그는 그만의 독특한 훈련과 노력으로 자신의 무기를 개발해서 강타자가 되었다.

이대호 선수 외에도 1997년 IMF 경제체제 속에서 절망에 빠진 국민들에게 희망을 준 골프 여왕 박세리 선수, 박인비 선수, 피겨 스케이팅의 여제 김연아 선수 모두 엄청난 연습과 피나는 훈련을 견뎌낸 세계적인 스포츠 선수로서 이들 모두가 다른 사람과 차별되는 자신만의 무기로 세계를 제패했다.

그리고 더 추가해야 할 것이 있다. 자신이 하는 일에 대해 적극적으로 홍보하는 것도 필요하다. 이와 함께 상사와 수시로 업무 협의를 하고 조직 규칙에 따르는 것도 중요하다. 조직의 비전에 대해 폭넓은 지식과 탁월한 전문성, 탁월한 경험, 유연성, 배려 및 겸손 등이 조직에 이바지하는 데 필요하다.

아무리 개인능력이 뛰어나도 조직의 비전을 역행하거나, 동료직원들에게 폭언을 일삼거나, 거만하면 인정받는 조직원이 되지 못하고 오히려 조직을 해하게 된다.

6. 실력은 거짓말을 하지 않음

"실력은 거짓말을 하지 않고, 도둑을 맞지 않는다."라는 속담이 있다. 이것은 자기 성공과 성과를 내는 핵심적 무기로 작용한다. 일의 근육을 키우고 성과를 내는 것이 실력이다. 우리는 보수를 받고 있는 만큼 반드시 그에 합당한 성과를 내야 하는 것이 도리이다.

아담 스미스는 "이 세상에게 가장 가치 있는 것은 노동이다."라고 했다. 옛날 이야기를 하나 들어보자. 옛날, 성실한 농부인 곰돌이는 이 세상에서 가장 귀한 것을 찾기 위해 길을 떠났다. 도중에 일곱 빛의 무지개를 보고 그것이 가장 귀중한 것으로 생각했다. 그것을 잡기 위해 산과 강을 건넜으나 도중에 꽃사슴을 만났다. 곰돌이는 사슴이 아주 아름다워 이 세상에서 가장 귀한 것은 꽃사슴이라고 생각하고 그것을 잡으려 산에 올라갔다. 도중에 광부들이 금을 캐는 것을 보고 이 세상에서 가장 귀중한 것은 금이라고 생각하고 금광에서 일했으나, 어머니가 위중하다는 소식을 듣고 귀향하기로 한다. 고향에 돌아오는 도중에 한 농부가 땀을 흘려 일하다 자신을 보고 환하게 웃으면서 "이보게, 어디 갔다 오나?"라고 말하는 모습을 보고 그 모습이야말로 세상에서 가장 귀한 것임을 깨달았다. 그래서 그는 이 세상에서 가장 귀한 것은 근면 성실하게 일하는 것으로 생각하며 농부로서 열심히 살았다고 한다.

이렇듯 우리는 땀을 통해서 성과를 낸다는 믿음을 견지하여야 한다. 회사에 있는 동안은 사적인 일은 지양하고 일에 최선을 다해야 한다. 회사 및 리더의 비전을 받들고 비난하지 않는다. 조직원의 리더인 상사는 오랜 기간 많은 노력과 경험을 가지고 있다. 그를 전문가로서 진심으로 따르며 비난하지 말고 혼냄을 감사하게 생각해야 한다.

또한, 상사의 마음을 읽고 일을 추진하는 기술이 필요하다. 상사를 진심으로 존경하는 마음도 중요하다. 자신에 대해서는 소신과 논리를 가지고, 실패를 두려워하지 말고, 우선순위에 입각해서 업무를 추진하며, 능동적이고 적극적인 자세로 자기 일에 임해 전문적인 능력을 겸비하는 것이 필요하다.

제 4 장 어떻게 해야 사람을 움직이는 하는가?

1. 사람을 움직이는 변혁

사람을 움직이는 리더십에는 거래적인 리더십(transactional leadership)과 변혁적인 리더십(Transformational leadership)이 있다. 거래적인 리더십은 성과를 강조해서 보상으로 부하의 동기를 유발하는 것이다. 반면에 변혁적 리더십은 격려, 사회 분위기 조성 등의 동기를 통해 부하직원들의 변화를 이끄는 것이다. 변혁적 리더십은 내면적 가치를 중요시하는 데 반해, 거래적 리더십은 돈의 가치를 중요시 한다[38].

변혁적인 리더십은 미국 정치학자 제임스 맥그리거 번스가 1778년에 처음 사용한 용어로 리더가 금전적인 보상이 아닌 공헌, 자부심 등 정서적 동기 부여를 통해 성과를 극대화를 꾀하는 것을 말[39]한다.

거래적인 리더십은 합리적인 사고와 이성에 호소하고 변혁적 리더십은 감정과 정서에 호소하는 것이다. 변혁적 리더십의 특징은 구성원을 리더로 개발해 구성원의 관심을 높은 수준으로 끌어 올리는 것이다. 또한, 구성원들이 본래 기대했던 것보다 넘어설 수 있음을 알게 하고 미래 수준의 비진을 가치 있게 만드는 방법으로 의상소통을 하는 것이다. 변혁적 리더십의 경우 조직 문화를 새로 창출해 낼 때나 또는 변화를 주도, 관리할 때에 활용한다. 이는 현재의 급변하는 환경과 조직에 있어서 적합한 유형으로 자

---

38) http://blog.naver.com/jaech777?Redirect=Log&logNo=220392998419

39) 이창원, 2005, 「변혁적 리더십 이론의 개념적·방법론적 문제에 대한 검토」, 『한국행정논집』 제17권 제4호, pp. 1035~1061.

리 잡아 전통적인 리더십과 많은 차이가 있다.

오늘날, 지식 정보화 사회로의 급격한 환경 변화에서 창의성과 상큼한 아이디어가 새로운 자본으로 등장하고 창의적인 사고를 필요로 하는 복잡하고 전략적인 업무가 크게 늘어났음에 따라 변혁적인 리더십에 대한 관심이 크게 증대되었다. 1998년부터 2004년까지 미국에서 새로 생겨난 640만 개의 일자리 중에 70%는 복잡하고 전략적인 업무로 채워졌다[40]. 창조경제가 강조되는 요즘에 '무엇을 하면 얼마를 주겠다'는 식의 외재적인 동기 부여만으로는 성과를 이끌어내기에는 불충분하다. 창의성이 필요한 업무는 스스로 행동하고자 하는 내재적인 동기가 필요하다.

금전적인 보상은 오히려 조직의 힘을 분산시킬 수 있다. 외재적인 보상이 제공되면 자극 요인에만 주의를 집중하고 창의적인 해결 방안을 방해한다. 창의성을 발휘하기 위해서는 보상이 아닌 다양한 환경에 주의를 기울여야 한다.

2. 사람을 움직이게 하는 힘

이렇듯 사람을 움직여서 조직의 성과를 극대화하기 위해[41] 먼저, 일에 대한 가치를 부여해야 한다. 인간은 자신의 이익을 뛰어넘는 옳은 일을 하려는 욕구가 있고, 이것과 자신의 업무 방향이 일치

---

40) Johnson, B.C., Manyika, J.M.&Yee, L. A.(2005), 「The Next revolution in Interaction」, 「Mckinsey Quarterly」, 4, pp. 21~33.(위종범, 2011, 「사람을 움직이는 힘」, 인센티브, 「SERI 경영노트」(제104호), 삼성경제연구소, p. 2. 재인용)

41) 위종범, 2011, 「사람을 움직이는 힘, 인센티브」, 「SERI 경영노트」(제104호), 삼성경제연구소, pp. 4~10.

하면 동기 부여가 극대화된다. 경영학자 켈리 하벨은 "이익의 극대화만을 삼으면 직원들의 에너지를 최대한 이끌어 낼 수 없다."라고 하였다. 직원들의 업무가치를 부여하고 그 가치를 계속 강조하여 직원들이 열정을 최대한 낼 수 있도록 한다. 직원들은 회사에서 왜 일해야 하는지에 대한 중요성을 알아야만 더 높은 가치를 업무에 부여한다. 인간은 누구나 인정받고 싶어 한다.

다음으로는 일에 대해 집중을 할 수 있는 분위기 조성이다. 좋은 성과를 내는 것은 집중이다. 그것은 개인의 역량을 최고도로 발휘케 한다. 집중이란, 무엇인가에 정신없이 빠져들어 물 흐르듯 행동이 자연스럽게 이루어지는 심리적인 상태를 의미한다. 집중하면 시산이 어떻게 흘러가는지 모르며 희열을 느끼고 때로는 남들이 생각하지 못하는 기발하고 창의적인 결과물을 창출해낼 수 있다. 몰입을 위해서는 직원 역량과 목표의 적합성, 그리고 긍정적인 피드백은 필수적이다. 직원역량 수준을 고려한 과제를 계속 부여하여 성장욕구를 자극하면서 몰입을 유도한다.

또한, 과감한 아이디어 창출과 실패에 대해 관대한 조직 문화이다. 자신이 제안한 업무에 대해서는 흥미를 느끼고 기량을 최대한 발휘하려고 하는 것이 인간의 본성이다. 그래서 스스로 문제의식을 느끼고 주어진 과제에 도전할 수 있도록 하는 풍토 조성이 필요하다. 하버드의 테레시 에머빌 교수는 "그것이 예술이든, 과학이든, 비즈니스든 상관없이 도전해야 한다."라고 했다. 그것은 매우 높은 수준의 창의성에 영감을 준다. 그래서 과감하게 도전할 수 있는 조직 문화를 조성하는 것이 필요하다.

실패에 대해 책임을 묻는 문화는 직원들의 자율성과 창의성을 가로막는 가장 큰 부정적인 행위이다. 하겠다는 본인의 의사가 확보하면 회사는 모두를 수용해야 한다. '선택과 집중은 하지 않는다'는 모토로 각자가 좋아하는 주제를 연구하도록 장려하고 의욕이 있다면 중도에 그만두라고 하지 않는다. 열심히 노력해서 실패해도 왜 실패했느냐고 책망하는 대신에 그 원인이 어디에 있는지를 알아보는 문화를 조성한다.

그 외에도 직원이 스스로 업무를 찾아내고 해결방법을 모색할 수 있도록 자율성을 부여한다. 어떤 업무를, 언제, 어떻게 수행할 것인지에 대해 직원의 자율성에 맡기면 내재적인 동기 유발이 가능하다. 직원들은 원하는 방식대로 일하는 자율권을 가지게 하는 것이다. 일은 사무실에 출근하는 것을 가리키는 것이 아니라 실제로 뭔가를 일하는 것이다. 오전 10시에 출근해도 지각으로 간주하지 않고 오전 10시에 퇴근해도 조퇴로 간주하지 않으며 각자 시간을 자유롭게 활용해도 아무도 부정적으로 보지 않는다면 직원들의 자율성은 확보될 것이다. 자율성을 부여하기 어려운 업무처럼 보이더라도 실제로 직원들에게 부여하면 성과가 나타난다.

3. 긍정적인 자율성 부여가 핵심

리더는 직원이 스스로 동기 부여를 할 수 있도록 지속적인 자극 요인을 개발하여 제공한다. 회사가 목표와 방법을 일일이 직원에게 제시하기보다는 회사가 원하는 방향만을 제시하고 직원 스스로 변화하도록 동기를 부여한다. 업무 성격에 따라 내재적·외재적인 인센티브를 적절하게 활용하되, 외재적인 인센티브의 남용은 방지한다. 인간의 기본적인 욕구 충족에 필요한, 최소한의 외재적인 인센티브를 인정한다. 하지만 성과의 차이보다 보상의 격차를 크게 두는 금전적인 동기 부여는 주의한다.

또한, 개인 성향을 고려한 맞춤형 동기 부여를 제공한다. 사람마다 처한 환경에 따라 동기 부여에 매력을 느끼는 유형과 정도가 충분히 다를 수 있다는 것을 인정한다. 아무리 이상적인 동기 부여를 하는 제도라도 일률적인 적용은 누군가에게는 불만이 된다. 따라서 직원들이 무엇을 필요로 하는지에 대해 의견을 듣는 자세가 필요하다.

그리고 처벌과 통제 중심인 부정적인 동기 부여에 주의한다. 과도하게 징계와 규제만을 강조하는 부정적인 동기 부여는 직원들의 자발적인 동기 부여를 저해한다. 실제로 직무로 인한 향응 제공, 금품 수수 등으로 적발되는 건수는 매년 줄어들지 않고 있다. 그 건수에 비례하여 처벌 수위도 높였지만, 별다른 효과를 보지 못하고 있다. 매년 명절이나 대형 공사가 이루어지면 금품 수수로 업무 담당자들이 구속되거나 징계를 받는다. 4대강 공사나 각종 신도시 개발에서 고위 공직자들이 금품 수수 및 향응 접대로 형사 입건이 되고 구속이 되었다.

개인의 부당한 처신에 대해 다양한 법률적인 제재나 징계가 수반되지만, 이러한 제도적 조치로는 긍정적인 모티브로 좋은 성과를 낼 수 없다. 직원을 신뢰하고 높은 잠재력을 발휘할 수 있는 환경을 조성하는 것이 직원들의 긍정적인 자율성 형성에 무엇보다도 도움이 된다.

4. 운명을 바꾸는 말의 힘

사람들이 평소에 하는 말은 내가 평소에 그리는 이미지와 마찬가지로 매우 중요하다. 어떤 학생들은 선생의 말을 통해 새로운 인생의 전환점을 맞았다고 한다. 미국의 가장 위대한 대통령인 루스벨트 대통령은 어릴 때에 학교에서 만년 꼴찌였지만, 머리 좋으니 열심히 하면 훌륭한 사람이 될 것이라는 선생의 말 한마디에 열심히 공부하였고 이후에 대통령까지 올랐다. 이는 외교에서도 마찬가지이다. 말마디로 위기를 극복하고 국토를 확장한 신라 김춘수, 고려 서희에서 알 수가 있다. 이처럼 리더는 말을 통해서 사람을 움직이고 국가나 기업을 번창시켜야 한다.

"말이 씨가 된다."라는 속담[42]도 있다. 밀폐된 용기에 밥을 담고 4주 동안 매일 "미워해."라는 말을 들은 밥은 푸른곰팡이로 썩어버렸다. 그러나 매일 "사랑해."라는 말을 들은 밥은 누룩곰팡이로 발효되었다. 이처럼 말을 통해 밥은 물론이고, 물도 바뀐다는 것은 이미 널리 알려진 사실이다.

'고맙습니다'라는 글을 보여준 물의 결정을 현미경으로 관찰한 결과, 아름다운 육각 결정체를 이루고 있음이 확인되었다. 그리고 '바보'라는 글을 보여준 물의 결정은 모양이 깨져 형체를 알아볼 수 없을 정도로 변했다. 우리의 몸은 약 80%가 물로 구성되어 있기 때문에 우리가 하는 말이나 듣는 말에 따라 몸을 구성하는 물의 성질이 바뀌게 되고 그 변화는 바로 몸으로 나타나게 된다.

사람들은 태어나서 성인이 될 때까지 약 20년 동안 보통의 가정에서 14만번 이상의 부정적, 소극적, 파괴적인 메시지를 샤워기의 물처럼 받으며 산다고 한다. 즉, 하루 평균 20회 정도 듣는 이런 메시지들은 어느새 그 사람의 말하는 습관, 버릇, 사고, 습관이 되어버린다. 그 결과, 14만 번 이상의 생각과 사고가 빠르게 머릿속을 지나가게 되고 대부분은 자동으로 프로그램화가 되면서 부정적이고 소극적인 일에 지배당하는 사람이 결국 되어간다. 이렇게 잘못 짜인 프로그램을 고치려면 긍정적, 적극적, 건설적인 메시지를 하루 20회 이상 계속해서 받아야 한다.

그렇게 되면 잠재의식에서 필요가 없는 프로그램은 삭제되고 새로운 프

---

42) http://blog.naver.com/rs160/220414677162

로그램이 설치된다. 새로운 프로그램을 의식적으로 만드는 방법은 이미지 트레이닝이다. 그것은 바로 당신의 인생을 원하는 방향으로 이끄는 강력한 힘을 자기 암시로 만드는 것이다. 신념이란, 아직 실현되지 않은 일을 굳게 믿고 불확실한 것을 확신하는 일이다. 이러한 마음을 갖추면 행동력과 열정이 솟구치기 때문에 자신의 꿈을 이루기도 훨씬 쉬워진다.

마음속에 싹튼 소망이 말로서 명확한 형태를 갖추게 되면 비로소 소망은 확고부동한 것이 된다. 당신이 가슴 뛰는 삶을 사는 것, 그것은 당신에게 주어진 진리의 길이자 이번 생의 목적이다.

5. 한마디 말의 힘

진실된 마음을 주어야만 마음을 얻는다. 세상에서 가장 어려운 일은 사람이 사람의 마음을 얻는 것이다. 자신에게 사람의 마음을 머물게 한다는 것은 참으로 어려운 것이다. 『어린 왕자』에서는 "내가 좋아하는 사람이 나를 좋아해 주는 건 바로 기적이다."라는 말이 나온다.

기업가의 말 한마디도 힘이 강하다. 내세울 만한 자원이나 새로운 사업을 일으킬 만한 돈도 없던 시절, 대한민국 기업인들의 외침은 경제 발전의 불씨를 살리고 이끌었던 동력이었다. 한국 전쟁을 거치며 폐허가 된 국토 위에서 사업해온 창업주들은 하나같이 나라 사랑을 외쳤다[43].

삼성을 설립한 이병철 회장의 이야기를 들어보자. 1983년 2월의 어느 새벽, 도쿄의 한 호텔에 머무르던 이병철 회장은 전화기를 들고 단호하게 말했다. "예술을 하듯 사업을 하면 된다."/ "누가 뭐래도 밀고 나가겠습니다."

---

43) 한국 CCO 클럽, 프리이코노미북스, 2015.8.

이것은 며칠 밤을 지새우며 내린 '2·8 도쿄 선언'이었다. 이 회장의 당시 나이는 74세. 메모리 반도체 세계 1위의 신화가 시작되는 순간이었다. 고령의 나이에 반도체 사업 진출을 선언한 이 회장은 "나라가 없으면 삼성은 없어도 좋다."라는 어록을 남겼다. 당시에 일본도 하기 어려워하는 반도체를 어떻게 개발하고 생산하느냐며 만류하던 기업 임원들에게 그는 사업보국(事業報國)을 되새기게 했다. 이때, 이 회장이 결정을 물렀다면 한국 기업들은 D램 세계 점유율 1위(67.8%)라는 위상에 오르지 못했을 것이다. 이병철 회장의 경영은 바둑 용어인 '착안대국 착수소국(着眼大局 着手小局)'으로 일컫기도 한다. 이는 큰 국면을 헤아릴 수 있으면 한 수 한 수 제대로 둘 수 있다는 뜻으로, 국가의 미래를 생각하면 제대로 경영할 수 있다는 의미로 풀이된다.

1983년 말, 충남 서산에 대규모 간척 공사를 하던 현대건설 직원들은 6,400m에 이르는 방조제 중 270m만 메우면 되는데, 거친 물살 탓에 아무리 바윗덩어리를 쏟아 부어도 무용지물이었다.

정주영 회장은 고철로 쓰려고 사둔 유조선을 이용해 물막이하라고 지시했다. 현장 소장은 소장은 망설였다. 그러자 불호령이 떨어졌다. "이봐, 해봤어? 해보지도 않고 고민하느라 시간과 돈 낭비하지 말고 한 번 해봐."결국 1984년, 정 회장의 지휘 아래에서 밤새워 작업이 진행됐다. 길이 332m의 폐유조선을 방조제 쪽으로 밀어 넣어 물막이 공사를 끝냈고, 애초에 계획했던 공기 45개월을 36개월이나 줄여 9개월 만에 공사를 끝냈다. 거기에 290억 원의 공사비도 절감했다. 뉴스위크·타임 같은 외신들이 앞다퉈 이 공법을 '정주영 공법'으로 소개했다. 정 회장의 "이봐, 해봤어?"라는 말은 여전히 불가능을 가능하게 한 불굴의 의지를 상징하는 명언으로 남아있다.

1960년대 초, 화학 공업사를 운영하던 구인회 LG 회장은 방콕 출장을 다녀온 직원의 긴급 보고를 받았다. 그는 "가루를 뿌리니 거품이 나고 때가 말끔하게 빠져나갑니다."라고 합성 세제를 만들어야 한다 주장했다. 임원들은 팔고 있는 빨랫비누의 인기가 없어질 수 있다며 반대했다. 구 회장은 이 일을 두고 생전에 "한 번 믿으면 모두 맡겨야 한다."/ "책임을 지면 최선을 다하게 돼 있다."라고 말했다. LG는 이런 구 회장의 인간 존중 철학을 바탕으로 국내 최초로 사출 성형기를 도입한 플라스틱 사업을 시작하고 라디오·TV 개발도 최초로 이뤄냈다.

제 5 장 폭풍이 와야 무지개가 뜬다

1. 마음으로 다하라

유대인은 매일 이 말을 두 번을 암송한다. 무슨 일을 하든지 마음을 다하여, 목숨을 다하여, 힘을 다하여, 거듭 가르치고 행하라. 그래서 유대인은 이방인이면서 미국 사회의 주류로서 등장했다. 유대인이 세계 인구에서 차지하는 비중은 고작 0.2%이다. 그러나 이들은 노벨경제학상 수상자의 42%, 세계 억만장자의 30%에 달하고 있고 미국 상·하원의 주요 지위에 수없이 많이 진출해 있다.

인고의 세월을 견뎌야 진실로 값진 열매가 맺는다. 이스라엘인들은 자녀를 선인장 열매인 '사브라'라고 부른다. 너 이스라엘 아이는 열매를 맺기까지 인고의 세월을 견디어 내어야 '사브라'이라는 선인장의 열매를 맺을 수 있다고 했다. 선인장은 사막의 어떤 악조건에서도 꽃을 피우고 열매를 맺는 강인함이 묻혀있다. 선인장은 비 한 방울도 오지 않고 땡볕이 쬐는 사막의 악조건에서 살아남는다. 아침에 맺히는 이슬 몇 방울로 기어코 살아남는 것이 선인장이다.

『유대인 생각 공부』의 저자인 쑤린 하버드대 교수는 이와 같이 소수민족에 불과한 유대인이 세계 경제와 정치를 주름잡을 수 있는 이유를 유대인들만의 독특한 생각법에서 찾는다. 디테일하게 집요하고, 남과 같은 길을 걷지 않으며, 함께 부를 얻고 나누는 방법을 모색하고, 더불어 경쟁하기를 좋아하는 유대인식 비즈니스 생각법이 유대인을 '부와 지혜의 대명사'로 만들었다는 것이다. 유대인식 생각법은 끊임없는 생각, 인맥 형성, 혁신적

사고, 협상법, 마케팅, 부의 관리, 팀워크 등에 유용하다.

그중에서도 가장 중요한 것은 부자가 되기 위해 끊임없이 생각하는 것이다. 여기서 생각이란 사물이나 상황을 바람직한 방향으로 이끄는 긍정적이고 적극적인 자세를 말한다. '당신이 누구든, 나이가 몇 살이든, 지금 어떤 상황에 부닥쳐 있든, 학력이 높든 낮든 아무 문제도 되지 않는다. 오직 한 가지, 적극적으로 생각하기만 하면 당신도 돈을 벌어 가난에서 벗어날 수 있다.'

또 타인을 활용하는 것 역시 유대인식 생각법의 핵심이라고 설명했다. 세계적 호텔 체인 '힐턴'의 창업자 콘래드 힐턴이 처음 호텔 건립을 추진할 때 수중에는 10만 달러밖에 없었다. 그러나 그는 토지 소유주였던 로드믹과의 거래를 통해 1925년 힐턴 호텔을 완공했고 이를 기점으로 오늘날 전 세계에 호텔 체인을 가진 거부로 성장했다.

채플린이 세계적인 배우가 된 이유는 단 하나이다. 그는 하나를 하더라도 마음으로 다할 줄 알았다. 그는 철공소에서 일할 때, 사장이 빵을 사오라고 하자 와인까지 사 들고 저녁 시간이 지나서야 돌아왔다. 와인을 늘 드시는 사장의 와인이 떨어진 것을 미리 알고 사왔던 것이었다. 채플린은 코미디의 달인으로 만들어 준 것은 항상 2% 더 마음을 다하는 정성이었다.

2. 21일 법칙, 100번의 법칙, 10년 법칙

습관으로 자리 잡기 위해서는 21일간 연습이 필요한데 이것은 '21법칙'이라고 한다. 생물학적으로 새 습관을 만들면 어른은 14~21일간의 기간이 필요하다. 무엇을 자신의 것으로 삼고자 하면 최소 21번은 연습해야 한다. 이는 공군 조종사가 전쟁에 투입하기 전의 생존율을 근거로 조사해 본 통계 수치이다. 사람은 무엇을 하든 21번 이상 하여야 자기 것으로 몸에 밴다.

100번의 법칙, 10년 법칙을 활용하라. 아무리 안 되는 것도 100번 반복하면 된다. 지능이 아주 낮은 거머리도 100번 정도 실수하니 전기가 통하는 판에 붙지 않았다. 어떤 분야에서 최고 수준의 성과를 내려면 최소 10년은 집중해야 한다. 현재 습관은 무의식적으로 몸이 움직이는 수준까지 끊임없이 채찍질한 결과이다.

또한, 사람들은 존재하지 않고 오지도 않는 것에 대해 너무 걱정한다. 전쟁에서 죽은 병사보다 걱정하는 가족이 더 많이 죽는다(30만:100만). 암을 모를 때는 멀쩡하다가 선고를 받고 나면 급속히 악화되는 것과 같은 현상과 같다. 대개 사람들은 50년간 동안 멀쩡하다가 건강 진단으로 암 선거를 받고 나서 불안해하고 걱정해 급격하게 건강이 떨어진다. 수술과 동시에 살 의욕을 잃고 사망하는 사람들도 수없이 본다. 사실 걱정과 불안 중에 40%는 과거 것, 50%는 미래 것, 10%만 현재인 것이다. 사람들은 존재하지 않는 미래 때문에 불안해 죽는 경우가 다반사다.

3. 밀물이 올 때에 배를 띄워라.

꿈을 이루려면 그 꿈을 믿고, 원하는 것들을 끌어들여서 내면을 그것과 일치시켜야 이루어진다. 그것을 지원하기 위한 수단은 첫째, 신념의 법칙이다. 무엇이든 느낌을 통해 믿으면 그것은 현실이 된다. 둘째, 인력의 법칙이다. 진정 원하는 것에 집중하면 아이디어와 기회가 끌려온다. 셋째, 상응의 법칙이다. 꿈은 안에 있는 대로 표출된다.

무엇보다도 꿈을 시각화하는 게 가장 좋은 방법이다. 그것은 얼마나 자주 반복해서 빈도로써 시각화하느냐이다. 그만큼 욕구와 믿음을 강하게 해야 한다. 두 번째는 선명도로써 얼마나 맑고 깨끗하게 구체적으로 상상하느냐다. 세 번째는 강도이다. 강도는 시각화에 부여하는 감정의 양이다. 강하게 믿으면 훨씬 빨리 이뤄진다. 네 번째는 지속 시간이다. 지속 시간은 꿈을 마음속에 잡아두는 시간이다.

"반드시 밀물은 온다. 그날, 돛을 띄워라."

카네기는 허름한 빈 배 그림에 적힌 이 글귀를 매일 쳐다보며 다짐했다고 한다. 즉, 이 말은 강철왕 카네기가 춥고 배고픈 시절에 희망을 품었던 글귀인 것이다. 우리에게도 반드시 밀물이 올 것이다. 큰 꿈을 품고 확신하자!

4. 뇌 속에 이기는 패턴 입력

뇌 속에 성공의 패턴을 입력하자. 우선은 자신있고 재미있는 일부터 하자. 쓰레기가 들어가면 쓰레기가 나오고(GIGO, Garbage In Garbage Out), 좋은 것이 들어가면 좋은 것이 나온다(GIGO, Good In Good Out). 낙제생은 애초에 '성공의 느낌'인 승리감을 발달할 기회가 없었던 것이다. 그러나 작은 성취감은 작게나마 성공의 느낌을 줄 것이며, 앞으로 소중한 힘이 되어 습관을 형성할 것이다.

재미나는 유머 하나를 소개하면, 고대 그리스 시대에 제자가 소크라테스에게 "왜 저런 악처와 같이 사세요?"라고 물었다. 그러자 소크라테스 왈, "난폭한 말에 익숙하면, 다른 말을 탈 때에 매우 수월하다오."라고 답했다.

제자는 다시 "끊임없는 잔소리는 어떻게 참으세요?"라고 물었고, 소크라테스는 "물레방아 돌아가는 소리도 귀에 익으면 괴로움이 없어진다오."라고 답했다. 그는 단점을 장점으로 바꾼 지혜로운 철인이다.

이 같은 생각을 활용하면 장미꽃 조각 하나도 보석의 가치를 몇 배나 올리는 것이 될 수 있다. 어느 보석상이 진귀한 보석을 거액의 돈을 주고 구입해서 팔려고 할 때에 작은 흠집을 발견했다. 이 흠집 때문에 제값은 고사하고, 가격은 한없이 내려갈 것이 뻔했다. 오랜 고민과 생각 끝에 작은 흠에 장미꽃 조각을 했다. 그러자 대단한 가치를 지닌 보석으로 평가되었다. 이처럼 숨기고 감추려고 했던 흠을 새로운 장점으로 부각하는 것이 지혜다.

5. 하고자 하는 대로 그대로 이룬다

사람은 자신이 생각하는 대로 되어간다. 지혜의 씨앗 뿌리기, 인생의 좌표나 명언을 보이는 곳에 붙여두고 수시로 암송해보고 외우라. 글을 백 번 읽으면 그 뜻이 저절로 드러난다. 반복해서 말하라. 인디언 속담에 만 번 이상 말을 하면 반드시 이루어진다고 한다. 교회에서 예배하면서 통성 기도를 요구한다. 담임 목사는 신도에게 더 크고 간절하게 외치라고 요구한다. 이는 다 이유가 있어서 그렇다. 크게 외치고 간절히 원하라. 그러면 이루어진다. 지혜의 말씀을 외우면 좋은 일이 생긴다. "나는 매일 점점 더 기분이 좋아진다."는 말만 계속해도 치료 효과가 있다고 한다.

자신이 어떤 이미지를 갖느냐에 따라 같은 사람이라도 달라질 수 있다. 미국 어느 초등학교의 실험결과에 의하면, 교사가 학생들에게 '최근 연구에 의하면 눈동자가 파란 아이들이 갈색인 아이들보다 학습 능력이 뛰어나다고 발표했다'고 말했다. 그런 뒤에 교사는 아이들에게 자신의 눈 색깔을 적은 카드를 목에 걸게 했다. 그 결과, 갈색 눈 아이는 학습 의욕이 저하되고, 파란 눈 아이는 눈에 띄게 성적이 향상됐다. 그런 후, 교사는 저번에 연구 결과가 잘못되어 반대라고 말했다. 그러자 예상한 대로 갈색 눈을 가진 아이가 성적이 좋아지고 파란 눈 아이는 반대로 떨어졌다.

신념은 바위도 뚫는다. 신념은 그 자체가 힘을 지니고 있다. 중국에 이광이라는 사람이 밤에 산길을 가다 호랑이와 갑자기 마주쳤다. 그는 깜짝 놀라 활을 쏘았지만, 화살에 맞은 호랑이는 꿈쩍도 하지 않았다. 가까이 가보니 호랑이 닮은 큰 바위에 화살이 박혀있었다. 신기하게 여겨 화살을 여러 번 다시 쏘아 봤지만 모두 튕겨 나왔나.

이미지를 미리 속으로 그리면 실제 상황에서는 불안감이 사라진다. 아침에 일어나서 하루 일정을 영상으로 그려보라. 이 습관은 치열한 경쟁의 세계에서 당신을 진정한 승자로 만들어 준다. 머릿속에 불안을 해소하는 이미지, 이겨낸 이미지를 그려보라. 그러면 실제 상황에서 당황하지 않을 것이다.

아프리카 희망봉은 오랫동안 '폭풍의 기슭'이라 불리는 험로였다. 하지만 15세기 포르투갈 탐험가 '바스쿠 다가마'가 당당히 도전하여 통과했다. 그곳은 사실 인도양에서 가장 잔잔하고 아름다운 해변이었다. 두려움의 벽을 넘고 보니 '희망봉'으로 보이게 된 것이다. "아직도 당신이에요." 이 한마디가 슈퍼맨을 다시 살렸다. 슈퍼맨 주인공 '크리스토퍼 리브'가 낙마 사고로 전신 마비 장애인이 되었다. 이렇게 사느니 죽겠다는 그에게 아내 '데이나'는 "아직도 당신이에요."라고 했다. 숨도 혼자 못 쉬는 남편에게 "두뇌가 살아 있는 한 아직도 그대로 당신이니 살아만 주세요."라고 말했다. 이후, 크리스토퍼 리브는 회복해 사람들에게 희망과 용기를 주는 상징이 되었다. 이렇듯 긍정적인 생각은 어떤 상황에서도 희망을 품게 한다.

화를 낼 때, 내뱉는 숨을 봉지에 담아서 그 안에 모기를 넣어두면 몇 분 안에 죽어버린다. 반대로 싱글벙글 웃을 때 나오는 숨에서는 모기가 훨씬 오래 살았다. 일본의 '다마고 보로'라는 과자 공장에는 "감사합니다."라고 말하는 녹음테이프를 24시간 틀어놓는다. 이 과자에는 '감사합니다'가 100만 번이나 들어가 있다. 서머싯 몸이 자기 책을 베스트셀러로 만든 기발한 광고 카피는 매우 재미있게 소개되어 있다.

> 마음씨 착하고 아름다운 여성을 찾습니다. 저는 스포츠와 음악을 좋아하고, 성격이 온화한 청년입니다. 제가 바라는 여성은 최근 서머싯 몸이 쓴 소설의 주인공과 닮은 사람입니다. 착한 마음, 지혜와 아름다움을 지닌 바로 그런 여성이지요. 자신이 그 책의 주인공과 닮았다고 생각한다면 즉시 연락해 주세요.

6. 팔자는 스스로 만드는 것

우리에게 필요한 것은 전체를 보는 안목이다. 벽돌을 쌓는 인부 세 사람에게 무엇을 하고 있느냐고 물었다. "벽돌을 쌓고 있소." 이 사람은 눈앞에 벽돌만 보이므로 평생 인부로 살 것이다. "벽을 쌓고 있소." 이 사람은 벽 크기만큼 보았으니 공장장이나 기술자까지 발전할 것이다. "성당을 짓고 있소." 이 사람은 엄청난 잠재력을 가지고 크게 성공할 것이다.

통합적 안목은 생각과 정서를 행동으로 보이는 데 중요한 구실을 한다. 꿈꾸는 일이 있거든 당장 행하라. 대담함 속에는 재능과 힘과 기대가 깃들어 있다. 어떤 일도 한 번에 이루어지기는 어렵다. 그러므로 불굴의 집념으로 목표를 향해 나아가자.

타고난 팔자는 없고 운명은 내가 스스로 만들어 간다. 나 같은 사람이 어떻게 할 수 있느냐는 고정 관념에서 벗어나자. "나는 할 수 있다."/ "누군가가 나를 돕고 있다."라고 축복의 언어로 말하라. 말은 생각을 형성하고, 생각은 행동을 결정하며, 마침내 인생을 만들어간다. "당신은 잘할 수 있습니다."/ "훌륭합니다."이 말을 듣고 나면 사람은 이 말에 어울리게 행동한다. 또한, 상대를 칭찬하는 말은 자신을 축복하는 말과 같다. 뇌는 주어를 못 알아듣는다.

95%의 사람들이 열등감으로 고통을 받고 있다. 이것은 성공과 행복한 삶을 가로막는 심각한 장애라 할 수 있다. 나는 단 하나뿐인 개인이며 독특한 존재라는 것을 확신하라.

강한 목적이 있으면 죽음도 비껴간다. 엄청난 교통사고에서 살아남는 기적이 자주 일어난다. 사하라 사막에서 목표 없이 계속 걸으면 제자리로 돌아온다고 한다. 하지만 밤중에 북극성을 따라 걸으면 사막을 벗어날 수 있다고 한다. 사람도 삶의 목표를 정한 날부터 진정한 인생 항로가 시작된다.

목표달성을 위한 5단계 시스템을 제시하면

✓ 첫째, 강한 바람을 가진다. 글로 쓴다. 주기적으로 확인한다.

✓ 둘째, 확고한 믿음을 가진다. 이루어진다는 자신감의 원천은 믿음이다.

✓ 셋째, 성취 언어로 말하라. 긍정, 현재형, 개인적 문장으로 "나는 이미 ○○다."/ "나는 수입이 ○○이다."를 매일 반복하면 그대로 이루어질 것이다.

✓ 넷째, 성취습관으로 행동하라. 말에 그치지 않고 지속적으로 행동하라.

✓ 다섯째, 절대 포기하지 않는다.

참·고·문·헌

강상구, 『1년만 미쳐라』, 좋은책만들기, 2011.

강신겸·김갑성·최진우, 「혐오시설의 입지갈등과 합리적인 해소방안」, 삼성경제연
　　구소, 1997.

강찬구, 「안티에이징의 3대 키워드」, 『SERI 경영노트』, 삼성경제연구소, 2013.

경상북도, 2010~2015 경북도청 업무계획 및 성과.

경상북도, 2010~2015 보건정책과 업무계획.

경상북도, 2010~2015 새마을봉사과 업무계획.

경상북도, 2010~2015 통계연보.

경상북도, 2012 경상북도 종합계획.

경상북도, 경상북도 종합계획(2012~2020).

경상북도, 연도별 도정백서.

경상북도, 연도별 백서.

국가 균형 발전 위원회, 「한국의 지역 전략산업」, 2010.

국무조정실, 「갈등영향분석 가이드라인」, 2015.

국무총리실, 기획재정부 등, 「새마을 운동 ODA 사업 기본계획」, 2011.5.

국토연구원, 제4차 국토종합계획수정계획(2006~2020).

권오혁 외, 『지역 전략산업 육성을 위한 지방 자치단체의 역할』, 한국지방행정연
　　구원, 2002.

권희태, 「지역갈등의 효율적인 해결 방안에 관한 연구」, 배재대학교 박사학위논
　　문, 2014.

김병준, 『한국지방 자치론』. 법문사, 1995.

김신배 외, 『광역경제권 선도산업 육성』, 지식경제부, 2009.

김옥경, 「SNS를 이용한 공공기관의 소통 활성화」, 『지역 정보화』 통권 제67호, 2011.

김우성, 「도시계획시설 입지 선정에 따른 지역갈등에 대한 연구: 장사시설을 중심으로」, 세종대학교 석사학위논문, 2012.

김익식, 「지방 자치단체와 특별지방 행정기관 간의 기능 재조정」, 『한국행정연구』 제3권 제3호, 1994.11.

김정근 외, 「실버세대를 위한 젊은 비즈니스가 뜬다」, 『CEO Information』 제869호, 삼성연구소, 2012.

김주인, 『변화인식이 혁신저항과 혁신냉소주의에 미치는 영향(조직-개인목표 일치성의 조절 효과를 중심으로)』, 가천대학교 박사논문, 2014.

심학로, 『지방행정의 이론과 실제』, 박영사, 1994.

김현기, 「조직 냉소주의를 타파하라」, 『주간경제』 743호. 2003.9.

킴 카메론, 제인 듀톤, 로버트 퀸, 『긍정조직학』(박래효, 조영만 역), POS북스, 2009.

나폴레온 힐, 김정수 역, 『나폴레온 힐 성공의 법칙』, 중앙경제평론사, 2015.

대니얼 앨트먼, 이종태 역 『10년 후 미래』, 2011.

대전직할시연구단, 「자치단체 내 지역·집단이해 조정방안」, 내무부 지방행정연수원 지방행정발전세미나, 1991.

류랑도, 『일을 했으면 성과를 내라』, 쌤앤파커스, 2010.

리즈 호가드, 이경아 역, 『행복』, 예담, 2006.

미이클 왓킨스, 박상준 역, 『90일 안에 장악하라』, 동녘사이언스, 2010.

메디컬코리아 편집부, 『무용이론사전』, 메디컬코리아, 2011.

바바라 프레드릭슨, 최소영 역, 『긍정의 발견』, 21세기북스, 2009.

박상옥 외, 「지역 경쟁력 강화를 위한 지역 산업 육성정책의 개선방안」, 『한국 산학기술학회논문지』 제15권 제4호, 2014.

박상철, 『웰에이징』, 생각의나무, 2009.

박용규 외, 「지역 산업 육성의 성공사례와 향후과제」, 삼성경제연구소, 2003.

박종관, 「의사소통 활성화를 위한 주민참여 방안」, 『공공행정연구』 제12권 제2호, 2011.12.

박종관, 『멀리 가려면 함께 가라』, 갤리온, 2011.

박종화 외, 『지역개발론』, 박영사, 1996.

박형서·윤영모, 「'제4차 국토종합계획 수정계획(2011-2020)'의 비전과 목표」, 『국토연구』 통권 351호, 2011.

보건복지부, 「나에게 힘이 되는 복지서비스」, 2014.

보건복지부, 「보건복지백서」, 2014.

보건복지부, 2010~2016년 업무계획.

보건복지부, 2015년도 노인 돌봄 종합서비스 사업안내.

보건복지부, 제1, 2차 저출산 고령사회 기본계획, 2013.

부산참여연합, 「생곡 쓰레기 매립장을 통해 본 민선 시대의 책임행정」, 1996.7.

서민수 외, 「新 한류 지속발전을 위한 6大 전략」, 『CEO Information』 제899호, 삼성연구소, 2013.

서민수, 「K팝의 성공 요인과 기업의 활용전략」, 『CEO Information』 제841호, 삼성경제연구소, 2012.

신창목 외, 「최근 경제현안 진단」, CEO Information 제870호, 삼성경제연구소, 2013.

안병호, 2010, 「생산적이고 즐거운 회의를 위한 회의문화의 개혁」, 삼성 회의 보고자료, 2010

안성호, 「지방정부 간의 갈등관리와 중앙정부의 역할」, 『한국행정연구』 제3권 3호, 1994.11.

엄동욱 외, 「조직 내 소통 활성화를 위한 제언」, 『CEO Information』 제795호, 2011.

영동군, 「일방보고식 회의 문화개선 보고자료」, 2014.10.13,

예지은 외, 「대한민국 직장인의 행복을 말하다」, 『CEO Information』 제898호, 삼성연구소, 2013.

오남현 외, 『국토와 환경문제의 분석』, 한울출판사, 2005.

오남현, 「사회적 자본과 도시지역 새마을 운동과의 영향분석」, 『도시행정학보』 제25집 제3호, 2012.9.

오남현·최외출, 「사회자본과 농촌 지역 새마을운동의 인과관계 분석 : 청송군 사례를 중심으로」, 『한국 비교정부학보』 제13권 제1호, 2009.7.

오창근, 「지역 발전을 위한 지역 산업지원정책 개선방안 연구」, 『한국자치행정학보』 제20권 제2호, 2006.

우동기 외, 『도시개발사업 수행을 위한 협상 연구』. 도시경영연구부, 1994

우리은행 인재개발원, 회의 문화개선 보고자료, 2007.

위종범, 「사람을 움직이는 힘」, 『SERI 경영노트』 제104호, 삼성경제연구소, 2011.

유수연, 『20대, 나만의 무대를 세워라』, 위즈덤하우스, 2008.

이관률 외, 「지역 전략산업의 육성과 지역혁신체제의 구축」, 『한국행정논집』 제18권 제1호, 2006.

이봉형·권희재·최은봉, 「환경혐오시설 설치에 따른 지역이기주의 극복방안」, 『한국행정학보 제29권』 제3호, 1995.11.

이영탁, 「새로운 미래 어떻게 맞이할 것인가」, 세계미래포럼 강의자료, 2010.6.

이종선, 「세상을 내 편으로 만든 사람들의 비밀」, 갤리온, 2009.

이창원, 「변혁적 리더십 이론의 개념적·방법론적 문제에 대한 검토」, 『한국행정논집 제17권』 제4호, 2005.

이치호, 「오 김인식이 불러오는 혁신」, 『SERI 경영노트』 제180호, 삼성경제연구소, 2013.

이흥권·서순탁, 「지역 전략산업 육성정책의 정책운영체계 구축에 관한 연구」, 『도시행정학보』 제19집, 2006.

임명기, 「JOB Crafting, 일이 즐거워지는 변화」, 『SERI 경영노트 제179호』, 삼성경제연구소, 2013. 「

전성일, 『성격을 바꾸면 성공이 보인다』. 미래북, 2014.

정방연, 「장사시설과 관련된 갈등해결 방안 연구 : 하남시 사례를 중심으로」, 강남대학교 석사학위논문, 2009.

정병태, 『소통의 기술』, 넥스웍, 2014.

정약용, 장승희 역, 『목민심서』, 풀빛, 2013.

정정길, 『정책학원론』, 대명출판사, 1989.

조동만, 「조직변화의 적, 냉소주의 극복방안」, 『SERI 경영노트』 제152호, 삼성경제연구소, 2012.

지그리트 엥겔브레히트, 이동준·나유신 역, 『질투의 민낯』, 팬덤북스, 2015,

차동엽, 『무지개 원리』, 국일미디어, 2012.

최은정, 「클라우드 혁명이 바꾸는 미래」, 『SERI 경영노트』 제181호, 삼성경제연구소, 2013.

킴티 카메론·제인 튜톤·로버트 퀸, 박래효·조영만 역, 『긍정조직학 POS』 POS북스, 2009.

톰 래스·짐 하터, 성기홍 역, 『웰빙 파인더』, 위너스북, 2011.

한국CCO클럽, 『한국 경제를 만든 이 한마디』, 프리이코노미북스, 2015.8.

한국지방행정연구원 편집부, 『지방행정기능분석에 관한 연구(Ⅱ)』, 한국지방행정연구원, 1992.

현병택, 『세상에 온몸으로 부딪쳐라』, 원애원북스. 2009.

홍샤오린(黃曉林)·황멍시(黃夢溪), 『세상은 2대 8로 돌아가고 돈은 긴꼬리가 만든다』, 더숲, 2011.

저자 미상, 「[k-pop과 우리나라] K-POP이 우리나라에 미치는 긍정적 효과 중심으로」, 레포트월드, 2013.7.

곽준식, 「오감인식 기술의 발전 방향」, 「3분 라디오 MBA」 인터뷰. 2013.3.29,

권승준 기자, 「['코리안 쿨' 제3 한류 뜬다] K팝, 유행 넘어 문화로… 냉소적이던 NYT도 "압도적"」, 조선일보, 2016.2.15.

김광현 기자, 「"인간의 오감을 갖춘 컴퓨터가 나오면… IBM, 5년 내 '비서 로봇'현

실화 전망"」, 한경비즈니스, 2012.12.28.

정용철 기자, 「국내 클라우드 기업 매출 40% 성장…외산 대응 차별화 관건」, 전자신문, 2016.1.18.

제레드 뉴먼, 「2017년, 컴퓨터가 오감을 느낀다: IBM 연례 기술 전망」, PCWorld, 2012.12.18.

허만섭 기자, 「살아남을 대기업 몇 개 없다. 한국 경제, 고약한 일 겪을 것」, 신동아, 2015. 10.30.

메로우, 「한국 평균근로시간 세계 2위 OECD 평균근로시간 1.26배 수준」, 「메로우의 세상 이야기」 블로그, 2014.8.25.

별, 「변혁적 리더십이란 무엇일까」, 「차량마다 꽃이 지고, 오늘도 좋은 날」 블로그, 2015.6.17.

Connelu U, 「All together now」, 『Gallup Management Journal』 2, 2000.

David A.S., Boniwell I.&Ayers A.C. 「The Oxford handbook of happiness」, 『Oxford Library of Psychology』, 2003.

Dunn E.W., Aknin L.B.& Norton. M.I., 「Spending Money on Others Promotes happiness」, 『Science』 319, 2008.

Johnson B.C., Manyika J.M.&Yee L.A., 「The Next revolution in Interaction」, 『Mckinsey Quarterly』 4, 2005.

O'tool J., 「Leading Change; Overcoming the ideology of comfort and the tyranny of custom」, Jossey-Bass, Inc. 1995.